인생을 결정하는 초등 독서의 힘

인생을 결정하는

책 읽는 습관부터
영어 독서와
미디어 리터러시까지

초등 독서의 힘

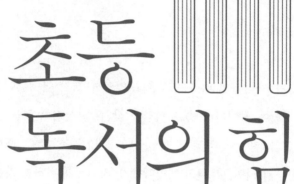

김지원 지음

북카라반
CARAVAN

모든 아이가 자기 말과 글이 있는 사람으로 자라기를 바라며

부모가 자녀에게 바라는 것은 무엇일까? 공부를 잘해 좋은 대학에 들어가고 좋은 직업을 갖기? 자신이 원하는 삶을 살기? 생각이 바로 선 시민으로 자라기? 조금은 뻔뻔한 욕심부터 시민으로서의 책임감까지, 자녀에게 바라는 것은 다양하다.

하지만 더 중요한 것은 자기만의 콘텐츠가 있는 사람, 어떤 상황에서도 변화하고 발전하는 사람, 남의 말에 흔들리지 않고 자기 생각이 분명한 자존감 있는 사람이 되는 것이다. 바로 자기 말과 글이 있는 사람이다.

그 바탕은 어렸을 때부터 쌓아온 독서다. 독서는 하루

아침에 되지 않기 때문에 어린 시절부터 습관을 들여야만 한다. 하지만 책을 읽는 것, 그 간단해 보이는 일을 버거워 하는 아이가 많다. 예상하지 못한 반응에 부모는 어리둥절 하고 아이는 좌절감을 느끼게 된다. 그래서 김지원 선생님 의 이 책이 더 소중하게 다가온다.

재미있는 것이 사방에 널려 있는 요즘 아이들에게 독 서를 가르친다는 것은 말처럼 쉬운 일이 아니다. 읽는 행위 자체가 낯선 아이에게 어떻게 책 읽기의 즐거움을 맛보여 줄 수 있을까? 결국은 기본으로 돌아가는 수밖에 없다. 엄 마와 함께, 온 가족이 함께, 조금씩 듣고 읽으며 책과 가까 워지는 것이다.

그러나 부모도 따라가기 힘들 정도로 급변하는 세상 에서 독서 하나만을 바라보기에는 어딘지 모르게 불안하 다. 이에 전통적인 의미에서의 읽고 쓰기만이 아니라 미래 를 살아갈 아이들에 발맞추어 미디어 접근법까지 소개한 다. 엄마들에게 꼭 필요한 것들을 조곤조곤 알려주는 자세 가 참으로 친절하다. 영어 학원을 보내지 않고도 집에서 원 어민 수준으로 아이를 교육한 엄마의 지혜도 놀랍다. 내 아 이만 보지 않고 지역사회를 위한 봉사를 비롯해 다방면에서 노력하는 요즘 부모의 모습에서 대한민국 교육의 미래를 볼 수 있어 흐뭇한 마음이다.

아이를 직접 가르쳐본 당사자가 아니면 알지 못했을 노하우가 가득 들어 있는 이 책을 아이와 줄다리기하고 있는 모든 부모에게 권한다. 책 읽기를 배울 아이에게도, 책 읽기를 가르칠 부모에게도 다정하고 유용한 책이다.

모든 아이가 읽고 쓰는 즐거움을 만나기를, 그리하여 자기만의 말과 글로 충만한 사람이 되기를 마음 깊이 기원한다.

강원국(『대통령의 글쓰기』, 『나는 말하듯이 쓴다』 저자)

독서 교육이라는
긴 여정 앞에 선 엄마들에게

전 세계적 팬데믹 현상을 일으킨 코로나19 바이러스 감염증 덕분에 아이들과 집에 있으면서 교육과 배움에 대해 깊이 생각하게 되었습니다. 학교에 가지 못하는 동안 많은 아이가 배움에 어려움을 겪었지요. 부모는 이 유례없는 혼란의 와중에 갑작스레 시작된 온라인 수업으로 인한 교육 격차를 고민했고요. 아이들을 학교에 보내지 못해 걱정이 많아진 부모는 아이가 학원에라도 가서 결손을 메우기를 바랐습니다.

이 상황을 지켜보면서 답은 하나밖에 없다는 확신이 들었습니다. 학교가 아닌 곳에서도 배움이 이루어질 수 있고, 그 방법은 독서만한 것이 없다고요. 깊이 있고 여유 있게 사고하는 유일한 방법은 책을 읽는 것이라고요. 사회적 거리두기 기간에 저는 아이들과 저녁마다 함께 책을 읽었습니다. 아무것도 할 수 없어도 책은 읽을 수 있어 감사했지요.

전문가들은 코로나 이후의 세계는 그전과 같지 않을 것이라고 말합니다. 막연히 생각만 해오던 것들이 급격하게 실행되었지요. 할 수 있었는데도 과거의 습관에 얽매여 변화하지 않았던 것들이 갑자기 개선되었고요. 이런 급변하는 사회에서 과거의 훌륭한 가치를 지키고 다가올 미래를 현명하게 받아들일 도구는 바로 인간의 지성입니다. 지성의 함양은 스스로 읽고 사색하고 쓰는 동안 이루어지지요.

솔직히 고백하자면, 저는 독서의 중요성을 모르던 엄마였답니다. 어릴 때부터 책벌레 소리를 듣고 늘 책에 코를 박고 있었지만 단지 책이 재미있어서였지, 책이 제 인생에 어떤 의미를 주는지 몰랐습니다. 공부를 안 해도 성적이 상위권을 유지했던 이유도 몰랐습니다. 그렇기에 저의 아이들이 책을 통 가까이하지 않아도 '자기가 좋아해야 읽는 거지'라고 그냥 내버려두었지요.

아이들이 좀 크고 나서야 독서의 진정한 가치를 알게 되었습니다. 인간이 문자를 발명한 뒤 얼마나 엄청난 일이 인간의 뇌와 역사에 일어났는지, 지금까지도 문자가 인간의 사고에 얼마나 지대한 영향을 끼치는지 알게 되었을 때, 전율하지 않을 수 없었지요. 문자의 발명은 인간이라는 종種에게 자연스럽거나 당연한 일이 아니었습니다. 본능도 아니었던 문자를 발명하고 그 후의 역사를 이렇게까지 이끌어온 인간에 대해 깊은 경외심을 느끼게 되었지요.

이런 엄청난 사실을 깨닫게 된 뒤, 저는 유아기에 아이들에게 충분히 책을 읽어주지 않은 것을 깊이 후회했습니다. 큰아이가 책을 들고 올 때마다 흥정하며 한 권이라도 줄이려고 했고, 아이가 원하는 만큼 읽어주지 않았거든요. 책에 관심을 보이지 않았던 작은아이에게는 그런 노력조차 하지 않았고요. 아이를 키우면서 가장 후회되는 점입니다. 시간을 돌릴 수 있다면 과거로 돌아가 아이들을 무릎에 앉혀놓고 몇 시간이고 책을 읽어주고 싶습니다.

예전의 잘못을 만회하려고 저는 몇 년간 여러 노력을 했고, 초등학교 고학년인 작은아이에게 자기 전 2시간씩 책을 읽어주기도 했지요. 지금도 아이가 원하면 언제든지 읽어주고 있고요.

이 책은 다른 부모님들이 저 같은 실수를 되풀이하지 않기를 바라는 마음에서 썼습니다. 하지만 모든 아이가 다 다르듯 방법도 같을 수가 없지요. 옆집 아이의 성공 스토리가 내 아이에게는 통하지 않습니다. 내 아이는 옆집 아이가 아니니까요.

그렇기에 저는 이론이 아닌, 다양한 실천 방법을 알려드리고자 했습니다. 하지만 이 책에 있는 모든 방법이 옳고, 반드시 따라 해야 하는 것은 아닙니다. 부모님이 보기에 아이에게 맞을 것 같은 방법, 아이가 좋아할 것 같은 방법을 시도해보고 아니라면 다른 방법을 적용해보길 바랍니다. 그런 의미에서 특정한 권장 연령을 붙이지 않았습니다. 아이들의 호기심과 흥미, 발달이 각기 다른데 정해진 기준에 묶어놓고 싶지 않았기 때문입니다. 영어책 읽는 법에서는 실제 도움이 되는 책이나 기관을 많이 언급했습니다. 부모님이 직접 알아보려고 하면 많은 시간이 소요되고 막막할 수 있으니까요.

정신없이 변하는 세상에서 책만 파고드는 것도 옳지는 않지요. 그래서 스마트폰 시대의 신인류인 우리 아이들을 이해하고 같이 갈 방법, 다른 이들과 더불어 살아갈 행복한 사회를 함께 만들어가는 방법에 대해서도 이야기했습니다.

길고 긴 부모됨의 여정에서, 가끔 옆길로 새기도 하고 주저앉아 쉴 때도 있지요. 우리 모두 지치지 않고 천천히 걸었으면 좋겠습니다. 이 책의 내용 중 단 하나라도 아이와 부모님에게 도움이 되어준다면, 그래서 아이와 함께 가는 독서 교육 여정에 길잡이가 된다면 정말 기쁠 것 같습니다. 나와 내 아이를 위해, 이제 함께 출발해보시지 않겠습니까?

차례

1장

책 읽는 아이로 키우기 위해
엄마가 알아야 할 것

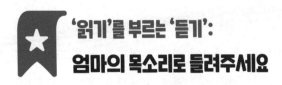

'읽기'를 부르는 '듣기': 엄마의 목소리로 들려주세요

어휘력은 평생 공부의 기초 체력

아이가 어릴 때는 단어를 많이 아는 것이 중요하지요. 헬렌 켈러Helen Keller는 '물'이라는 단어의 의미를 깨달은 순간 모든 사물에 이름이 있다는 것을 인식하고 자신을 둘러싼 세상을 이해하게 되었습니다. 아이들도 그처럼 단어를 통해 세상을 파악하고 차근차근 더 넓은 곳으로 발을 내딛게 됩니다. 기초 단어가 견고하게 다져져 있으면, 새로운 단어가 그 위에 쌓이면서 더욱더 튼튼하고 큰 집을 지을 수 있게 되지요.

슬프게도 경제뿐만 아니라 언어에도 빈익빈 부익부 현상이 일어납니다. 연구에 의하면 어휘력 하위 25퍼센트에 속하는 유치원생은 상위권을 따라잡지 못한다고 합니다. 6학년이 되면 어휘와 독해 모두 또래에 비해 약 3년 뒤처지게 됩니다. 배우려고 학교에 간다고 하지만, 이미 알고 있는 단어에 의해 선생님의 말을 이해하는 정도가 달라진다는 사실은 자주 간과됩니다. 지식 전달은 말로 이루어집니다. 그래서 많은 단어를 아는 아이가 더 많이 이해할 수 있는 것이지요. 이 현상은 교과과정이 복잡해질수록 즉, 학년이 올라갈수록 누적되어 뒤처진 아이가 격차를 뛰어넘기는 쉽지 않습니다.

어휘의 풀을 넓히는 법

인간에게는 정보를 받아들이는 5가지 경로 즉, 오감이 있습니다. 그중 가장 중요한 것이 시각과 청각이기에, 학습은 주로 눈으로 보는 것과 귀로 듣는 것에 의해 이루어집니다. 아이는 부모나 형제자매에게 많은 단어를 듣지만 일상생활에서 접하는 표현은 한정되어 있습니다. 그렇기에 책을 읽어주어 다양한 표현을 접하게 하는 것이 매우 중요합니다. 다음의 이야기 한 대목을 보세요.

> 그래서 주발 뚜껑을 타고 젓가락으로 노를 저어 샘물을 따라 들어갔어. 한참 들어가니까 향내가 그윽하게 풍기면서 생전 처음 보는 경치가 나타나더래. 높은 언덕에는 기화요초 만발하고 넓은 들에는 곡식과 남새가 풍성한데 공중에는 온갖 새가 지저귀고 풀밭에는 마소가 한가로이 풀을 뜯고 있더란 말이지. 주발 뚜껑에서 내려 그 경치 좋은 곳으로 들어섰어. (서정오, 『서정오의 우리 옛이야기 백 가지 1』, 현암사, 2015)

'주발', '노', '향내', '그윽하게', '기화요초', '남새', '지저귀고', '마소' 이런 단어를 전부 어렵다고 할 수는 없지만 일상생활에서 많이 쓰는 말이 아닙니다. 아이는 평소에 접하지 못하는 단어를 들으며 생각을 확장하고 인식의 지평을 넓혀갑니다. 또한 주인공과 함께 미지의 세계를 여행하며 자신도 같이 성장합니다. 그 여행은 가슴 두근거리고 어쩔 때는 두렵기도 하지만 아이는 망설이지 않고 발을 내디

딜 수 있습니다. 책장만 덮으면 포근하고 안전한 엄마 옆으로 돌아올 수 있으니까요.

언제까지 읽어주어야 할까?

책 읽어주기는 되도록 오래 지속되어야 합니다. 아이가 글을 읽을 줄 알더라도 계속 읽어주고, 중고등학생이 되더라도 가끔씩 읽어주는 게 좋습니다. 요즘에는 아이가 글을 읽을 줄 아는데 왜 부모가 읽어주어야 하느냐는 분이 예전처럼 많지 않은 것 같습니다. 그만큼 책을 읽어주는 게 중요하다는 사실이 널리 알려진 것이지요.

읽기 능력은 듣기 능력보다 천천히 발달됩니다. 아무리 잘 읽어도 직접 눈으로 보며 문자를 해독하는 것보다 남의 이야기를 듣는 것이 이해가 잘 되고 흡수가 빠르다는 것이지요. 어떤 아이는 새로운 어휘와 복잡한 문장을 들으며 마음껏 상상의 나래를 펼칩니다. 어떤 아이는 효율성이 낮은 눈으로 버거운 문장을 간신히 읽어냅니다. 문자를 파악하는 것에만 급급하면 새로운 생각이나 상상을 펼칠 기회가 없지요. 책을 읽어줄 때 아이의 뇌에서 일어나는 변화는 언어의 수용을 담당하는 영역에만 국한되지 않습니다. 새로운 생각을 해내는 영역 역시 동시에 활성화됩니다. 아무말 없이 듣고 있다고 해도 머릿속에 차곡차곡 쌓아가고 있는 셈이지요.

어른에게도 듣기는 색다른 경험입니다. 요즘은 유명배우들이 참여한 다양한 오디오북을 쉽게 접할 수 있습니다. 배우 정해인은 눈을 감고 들으면 자연스럽게 내용을 상상하게 되는 점이 매력이라고 말했습니다. 어른에게도 그런데 아이들에게는 얼마나 도움이 될까요?

어렵지 않은 엄마 낭독 실전 팁

책을 읽어주면 좋다니까 숙제를 해치우듯이 "엄마가 책 읽어줘야 하니까 너 여기 앉아!"라고 하지는 않겠지요? 아이가 열린 마음으로 흥미롭게 듣는 게 중요합니다. 아이가 어리다면 안정감을 느낄 수 있도록 무릎에 앉히고 읽어주면 더 좋습니다. 더 자라면 아이의 어깨를 감싸거나 나란히 앉아서 읽어줍니다. 아이가 부모의 사랑 안에서 편안하고 만족하면 이야기와 새로운 지식을 더 잘 흡수할 수 있습니다.

어떻게 읽어주는지도 중요합니다. 성우처럼 읽어주어야 한다고 생각하고 부담스러워하는 분들도 있지만, 그럴 필요는 없습니다. 자기 목소리 그대로 천천히 읽어주면 됩니다. 엄마 목소리는 무엇보다 아이에게 친숙하고 신뢰를 주는 소리니까요. 책을 자주 읽어주다 보면 점점 자신감도 붙고 실력도 늘게 되지요.

아이가 흥미를 느낄 만한 몇 가지 조언을 드립니다. 다음 대목을 아이에게 해주듯 직접 소리 내어 읽어보세요.

"안 돼, 안 돼, 절대로 문을 열어주지 않을 거야. 우리 집에서 차 마시는 건 꿈도 꾸지 마!"
"흥, 그럼 내가 훅 불어서 너희 집을 날려 버릴 거야!"
돼지는 힘껏 훅 하고 불고 또 불었지만 집은 쓰러지지 않았답니다. (유진 트리비자스, 헬렌 옥슨버리 그림, 김경미 옮김, 『아기 늑대 세 마리와 못된 돼지』, 시공주니어, 2006)

"안 돼, 안 돼! 절대로 안 돼. 털끝만큼도 들어올 수 없어. 너한테 줄 꿀차는 없어!"

"그래? 그렇다면 콧김을 씩씩 불고 입김을 훅훅 불어

너네 집을 날려 버릴 테다!"

그러고 나서 돼지는 온 힘을 다해 콧김을 씩씩, 입김

을 훅훅 불어댔어요. 하지만 집은 끄떡하지 않았어

요. (유진 트리비자스, 헬렌 옥슨버리 그림, 조은수 옮김, 『아

기늑대 삼 형제와 못된 돼지』, 웅진주니어, 2001)

어떤가요, 같은 책이지만 번역에 따라 리듬감이 다르

지 않나요? 미리 소리 내어 읽어보고 리듬감이 있는 책을

골라 읽어주는 것도 아이가 흥미와 재미를 느끼는 데 도움

이 됩니다.

극적이고 재미있게 책 읽는 법

매번은 아니어도 가끔 특별한 방법으로 읽어주는 것도 좋

습니다. 위에서 두 번째로 소개한 『아기늑대 삼 형제와 못

된 돼지』를 예로 들게요. 이 책은 제목에서 알 수 있듯이

『아기돼지 삼형제』의 패러디입니다. 바깥세상으로 나간 아

기 늑대들을 괴롭히던 못된 돼지가 마지막에는 꽃으로 지

아기 [　] 삼 형제와

못된 [　]

글 에에니오스 트리비자스 · 그림 헬린 옥슨버리 | 옮긴이 조은수

포스트잇으로 중요한 글씨를 가려둡니다.

은 집 앞에서 꽃향기를 맡고 착해진다는 내용이랍니다.

　　우선 표지의 글자 '늑대'와 '돼지'를 포스트잇으로 가

립니다. 그러면 '아기 ＿＿ 삼 형제와 못된 ＿＿'만 보이겠지

요. 책을 읽어주기 전에 표지를 보여주고 "제목이 뭐게?"라

고 묻습니다. 표지에 아기 늑대 그림이 있지만 동화에 익숙한 아이는 당연히 "아기 돼지 삼형제와 못된 늑대"라고 대답합니다. "짜잔!" 하고 포스트잇을 떼어 그 밑의 글자를 보여주면 아이는 놀라움과 호기심을 보입니다. 그러면 표지를 넘겨 책을 읽어줍니다.

"옛날 옛날에, 엄마 돼지랑 아기 돼지 삼 형제가 살고 있었어요."

이렇게 읽고 '아차' 하는 표정을 보이면 아이가 즐거워하며 "엄마 늑대랑 아기 늑대 삼 형제지"라고 바로잡아주기도 합니다.

그림책을 읽어주다 보면 가끔 내용과 그림의 순서가 안 맞는 경우가 있습니다. 클라이맥스는 페이지 맨 아래에 있는데 이미 아이의 눈은 그림을 향해 있어서 내용을 듣기도 전에 미리 알아버리는 겁니다. 그럴 때는 A4 용지를 그림 사이에 끼워두었다가 "그러니까 덩치 크고 착한 돼지가 된 거죠. 돼지는 노래를 부르면서 흥겹게 춤을 추기 시작했어요"에서 종이를 치우며 "이렇게!"라고 외칩니다. 돼지가

종이로 그림을
덮어둡니다.

돼지는 입김을 후후 불며고 숨을 깊이 들이마셨어요. 그러자 부드러운
꽃향기가 콧구멍으로 쑥 들어왔어요. 너무나 향긋했지요.
돼지는 그 향기에 입김 부는 걸 잊어버리고 꾸무만 숨을 들이마시게 되었어요.
그러다 보니 어느 새 입김을 후후 부는 대신, 코를 킁킁대고 있지 뭐예요.
점점 더 깊이 들이쉬자 은은이 향긋한 향기로 가득 찼어요.
그러자 돼지는 마음이 점점 부드러워지면서 그 동안 자기가 한 짓이 얼마나
끔찍한 일이었는지 깨닫게 되었답니다.
그러니까 역시 크고 착한 돼지가 된 거죠.
돼지는 노래를 부르면서 룸겹게 춤을 추기 시작했어요.

클라이맥스를 읽을 때 '짠' 하고
종이를 치워 그림을 보여줍니다.

춤추는 모습이 그제야 나타나며 아이는 그림책을 좀더 극적으로 재미있게 즐길 수 있답니다.

새로운 책을 읽기 전에는 표지를 보고 이야기를 나눕니다. "이 늑대는 어떤 기분일 것 같니?", "이 아이들은 어떤 사이일까?", "이 책은 어떤 내용일까?" 정도면 됩니다. 길게 이야기할 필요는 없습니다. 한두 개의 질문으로 아이의 주의를 끌어놓으면 아이는 자신이 예상하고 말한 것이 있기 때문에 그것을 확인하고 비교하기 위해서라도 집중하게 됩니다. 짧은 대화로 이미 그 이야기에 참여한 셈이 되기 때문에 적극적으로 듣게 되지요.

가끔은 새로운 기분을 내는 것도 좋습니다. 아이들 한복은 기껏 사놓으면 일 년에 한두 번만 입고 작아져서 더는 못 입게 되지요. 전통에 관한 책이나 옛이야기를 읽을 때 다 같이 한복을 입고 책을 펼쳐보세요. 재미있고 색다른 경험을 할 수 있을 겁니다.

책 읽어주는 시간을 소중히 여기세요

책은 시간을 정해놓고 읽어주어야 합니다. 시간을 정해놓으라는 것은 의무감을 갖고 읽어주라는 의미입니다. 그렇지 않으면 "하던 일 마저 하고 읽어줄게", "조금 있다가 읽어줄게", "잠깐만 기다려"라면서 책 읽어주기는 후순위로 밀리기 쉽습니다.

저는 자기 전에 침대에서 읽어주는 것을 권합니다. 다른 일정에 방해받거나 시간에 쫓기지 않고 읽어줄 수 있으니까요. 아이도 그날의 일과를 마친 뒤 몸과 마음을 이완하고 편하게 들을 수 있습니다. 부모도 바쁘게 쫓기던 하루가 끝나가는 시점이므로 아이에게 책을 읽어주기에 좋은 마음가짐이 됩니다.

책은 자기 전이 아니라도 아이가 원하면 최대한 바로 읽어줍니다. 아이가 무언가에 호기심을 느끼고 알고 싶어 할 때, 혹은 책을 읽는 즐거움을 원할 때 그 욕구가 충족되면 책에 대한 애착이 커지고 책을 더 좋아하게 됩니다. 늘 책을 가까이하는 습관을 기르게 되지요.

책 읽기로 넓어지는 세계

꼭 어린이책만 읽어줄 필요는 없습니다. 부모가 읽는 책 중

아이에게 도움이 되거나 아이가 이해할 수 있을만한 부분
이 있으면 그 대목만 읽어주어도 아주 좋습니다.

역사학자 유발 하라리Yuval Harari는 쉽고 명쾌한 예를
들어 개념을 설명해주는 탁월한 능력이 있습니다. 하라리
의 『사피엔스』가 우리나라에 출간되었을 때 큰아이가 4학
년이었지요. 학교에서 화폐경제를 배우고 있었는데 마침
『사피엔스』에 그에 대한 재치 있는 예시가 있었습니다. 그
래서 아이에게 그 부분을 읽어주었고, 아이는 화폐의 등장
과 발달을 쉽고 재미있게 이해할 수 있었습니다.

르네 데카르트René Descartes의 『방법서설』을 읽을 때 저
는 위트 있고 신랄한 첫 문단에 완전히 매혹되었는데, 그
부분 역시 아이에게 읽어주었지요. 아이도 그 표현을 무척
마음에 들어 했고, 철학자가 왜 철학자인지 알 것 같다고
했습니다.

얼마 전에는 아이가 아편전쟁에 관해 물어 간단히 설
명해주었습니다. 그 뒤 마약에 관한 아주 재미있는 책을 읽
게 되었지요. 내용 중 아편전쟁에 대한 부분이 있었는데 배
경부터 결과까지 어찌나 귀에 쏙쏙 들어오게 설명을 해놓
았는지, 당장 아이에게 그 부분을 읽어주었습니다. 아이는

눈을 반짝이며 즐거워했지요.

아이에게 책을 읽어준다는 것은 아이와 바깥세상을 연결하고, 아이의 세상을 확장해준다는 의미입니다. 아이는 그 세상을 탐험하고 돌아와 자기 자신을 다시 들여다볼 수 있게 됩니다.

세상을 탐험하는 데는 나이 제한이 없지요. 저는 중학생인 큰아이에게 여전히 책을 읽어줍니다. 만약 아이에게 책을 읽어주지 않았다면 지금이라도 시작하세요. 과거에는 책을 읽어주었지만 아이가 컸다고 중단했다면 다시 시작하세요. 아이는 부모의 다정한 목소리를 귀 기울여 들으면서 새로운 꿈을 꿀 것입니다.

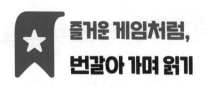

즐거운 게임처럼, 번갈아 가며 읽기

늦게 글을 떼는 아이를 위한 특효약

때가 되었다고 누구나 책을 줄줄 읽게 되지는 않습니다. 물론 아버지가 책을 읽어줄 때 가리키던 줄을 저절로 읽게 된 『앵무새 죽이기』의 스카우트처럼, 어느 날 신기하게도 그냥 읽게 된 『봉순이 언니』의 짱아처럼, 읽기에 특별한 소질을 보이는 아이들이 있기는 하지요. 하지만 저마다 타고난 성향이 다르기에 읽기에 관한 발달 정도와 속도도 제각각 차이가 큽니다. 따라서 아이가 읽는 것을 어려워하지 않고 혼자서도 잘 읽을 수 있도록 부모가 도와주어야 합니다.

저는 성향이 너무나도 다른 아이 둘을 키우고 있습니다. 큰아이는 세 돌 무렵 어느 순간 별다른 노력 없이 한글을 뗐습니다. 제가 그 무렵 해준 것이라곤 100장도 안 되는 단어 카드를 잠깐 보여준 것이 전부였지요. 아마도 그전에 보아왔던 익숙한 문자들의 원리를 단순한 단어 카드의 조합을 통해 깨우친 것 같습니다.

책에 관심이 없고 책을 읽어달라고 하지도 않던 작은 아이는 유치원에서 한글을 배웠습니다. 가르치지도 않았는데 유치원에서 읽고 쓰는 법을 배워오니 어찌나 신기했는지 모릅니다. 하지만 일곱 살 2학기에 접어들면서 걱정이 생겼습니다. 반년 후면 학교에 가야 하는데 스스로 책을 읽을 줄 몰랐거든요. 단어를 읽고 쓸 수는 있지만 문장을 자연스럽게 읽지 못했습니다.

그래서 생각해낸 것이 아이와 함께 책을 읽는 것이었습니다. 매일 세계 명작이나 전래 동화 중에서 읽고 싶은 책을 한 권 고르게 했지요. 그리고 서로 번갈아가며 한 문장씩 읽었습니다. 첫 문장은 제가 천천히 읽어주고, 그다음 문장은 아이가 읽게 했습니다. 띄엄띄엄 읽었지만 그래도 한 문장 정도는 부담스럽지 않게 읽어갔습니다. 처음에는 느렸지만 자신감이 붙으면서 발음도 분명해지고 속도도 올라갔지요.

아이의 읽기가 걱정이라면 이런 식으로 번갈아 읽어보세요. 아이가 어느 정도 익숙해진 후에는 한 페이지씩 나누어 읽는 식으로 한 번에 읽는 양을 늘립니다. 한 페이지를 무리 없이 읽을 수 있게 되면 이번에는 한 장입니다. 여기에서 한 장은 책을 펼쳤을 때 그림이 전개되는 양쪽 페이지를 말합니다. 앞뒤로 한 장은 권하지 않습니다. 그림의 단절이 있으니까요.

책 읽기가 즐거워지는 방법

책 읽기 연습할 때 스마트폰으로 녹음하는 것도 좋은 방법입니다. 그러나 처음부터 녹음한 것을 들려주는 것은 추천하고 싶지 않습니다. 아이가 좌절할 수 있으니까요. 아이의 변화가 느껴질 때 첫날 녹음과 마지막 날 녹음을 들려주면 아이는 자신의 발전을 직접 확인하고 뿌듯함을 느낍니다. 그때 확실히 칭찬해주는 게 좋습니다. 꾸준히 노력해서 이렇게 된 거라고요. 그렇게 하면 앞으로도 계속 책을 읽을 동기 부여가 됩니다.

배역을 나누어 연기하듯 읽는 것도 좋습니다. 캐릭터에 맞게 목소리도 바꾸어가면서요. 가끔은 책 속에 동시에 말하는 상황이 나오는데, 그런 부분이 나오면 실제로 동시에 대사를 읽어보는 것입니다. 고대영의 『거짓말』에 다음과 같은 대목이 나옵니다.

"너희들, 길에서 무얼 먹고 다니니? 그리고 돈은 어디서 났어?"
지원이와 병관이는 장을 보러 나오던 엄마와 마주쳤습니다.
"누나가 사줬어요."
"병관이가 사줬어요."
둘은 동시에 대답했습니다.
"뭐라고? 너희들 따라 들어와."

저는 이 대목을 읽을 때 저희 아이들에게 누나와 남동생 배역을 맡겼습니다. 아이들은 깔깔거리며 유난히 즐거워했지요.

가끔은 그렇게 배역을 맡아 연기한 것을 녹음해서 오디오북을 만들어봅니다. 아빠도 등장하면 더욱 좋겠지요. 등장인물이 여럿일 경우 목소리를 바꾸어서 연기합니다. 아이는 쑥스러워하면서도 즐거워합니다. 이렇게 만든 가족 오디오북은 외출할 때 차 안에서 들으면 기분도 새롭고 내용도 더 잘 기억되지요.

엄마와 아이의 티키타카: 빼앗아 읽기와 번갈아 말하기

아이가 읽는 것에 익숙해지면 '빼앗아 읽기'를 하는 것도 즐거운 놀이가 될 수 있습니다. 읽는 구간을 정하지 않고 한 사람이 먼저 읽습니다. 읽는 사람이 틀리거나 더듬거리면 다음 사람이 잽싸게 그 부분부터 빼앗아 읽는 겁니다. 온 가족이 참여하면 더 재미있습니다. 긴장과 몰입도가 둘이서만 할 때보다 올라갑니다. 책 한 권으로는 가족이 다 같이 보기 어려우니 도서관에서 똑같은 책 한 권을 더 빌려오면 좋겠지요.

아이가 읽기를 잘 하지 못한다고 앉혀놓고 "너 읽어봐"라는 식으로 가르치면 아이가 긴장하거나 주눅이 들어 자신의 실력을 보여주지 못할 수 있습니다. 평가받는다는 느낌이 들지 않게 함께 읽어보세요. 놀이처럼 즐겁게 해나가는 것이 아이의 스트레스를 줄이고 읽기에 친숙하게 다가갈 수 있는 방법입니다.

가끔은 책 없이도 '번갈아 읽기'를 할 수 있습니다. 정확히 말하면 번갈아 말하기지요. 『콩쥐팥쥐』 이야기를 예로 들어보겠습니다. 엄마가 먼저 첫 문장을 던집니다. "옛날 옛날에 콩쥐라는 착한 소녀가 살았어요." 그러면 아이가 이어서 이야기합니다. "하지만 엄마가 없어서 새엄마가 들어왔답니다." 엄마가 그다음 이야기를 합니다. "새엄마는 팥쥐라는 딸을 데리고 왔어요." 아이가 또 이어갑니다. "팥쥐는 정말 마음씨가 나빴지요."

다 아는 이야기지만 그 내용을 되살려 말로 하는 것은 머릿속에 또 다른 집을 짓는 것과 같습니다. 이야기를 기억해내야 하고 그것을 순서대로 조리 있게 표현해야 하지요. 혼자 내용을 말해보라고 하면 어려워하는 아이도 한 문장씩 이어가면 부담 없이 이야기할 수 있습니다.

아이가 더듬거리면 "다행히도", "불행히도", "그런데 바로 그때!" 같은 식으로 서두를 알려주는 것이 도움이 됩니다. 역으로 엄마가 중요한 사항을 빼먹고 이야기하면 아이가 신나서 지적하기도 하지요.

이 활동은 글을 읽지 못하거나 읽기가 어설픈 아이와 해도 좋습니다. 이야기를 말로 풀어내는 것은 듣기만 하는 것보다 훨씬 효과적입니다. 이야기 속에서 무엇이 중요한지 짚어내며 자기 입으로 말하다보면 이야기의 구조와 패턴을 자연스럽게 인식하게 됩니다. 그러면 다른 이야기도 더 쉽게 이해하고 흡수할 수 있게 됩니다.

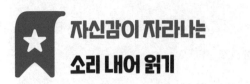

자신감이 자라나는
소리 내어 읽기

낭독은 두뇌를 훈련시킨다

많은 사람이 낭독은 글을 배우기 시작하는 아이들이나 하
는 행위라고 생각합니다. 하지만 예전에는 오히려 낭독이
더 당연시되었습니다. 우리나라와 일본, 중국은 물론 서양
도 마찬가지였습니다. 특히 서양에서는 혼자 속으로 읽는
것은 독자적으로 내용을 해석할 수 있기 때문에 매우 위험
하다고 보았습니다. 묵독默讀은 동서양 모두 18세기에 들어
서야 일반화되었습니다.

　　인간의 뇌는 생각하기, 글쓰기, 읽기 활동을 할 때 반

응하는 부위가 다릅니다. 낭독을 하면 묵독을 할 때보다 신경세포가 70퍼센트 이상 반응한다고 합니다. 눈으로 읽을 때는 미미하던 전두엽의 운동 영역과 말하기 영역, 그리고 청각 영역이 활성화됩니다. 입을 벌려 소리를 내고 그 소리를 듣는 것은 눈으로만 읽을 때는 필요하지 않았던 많은 뇌의 영역을 필요로 하기 때문이지요.

또박또박 글을 읽으면 자신의 발음을 인식하고 눈으로 읽을 때 스쳐 지나갔던 내용까지도 기억에 남게 됩니다. 눈으로 문자를 인식하는 순간 그것이 두뇌에 전달되고, 두뇌는 입을 통해 소리를 내고, 그 소리는 다시 자신의 귀로 들어가 머리에 이중으로 저장되기 때문이지요. 평소라면 입 밖에 내어 말할 일이 없는 단어들도 낭독하면 소리 내어 말하게 됩니다. 그러면서 어휘력도 늘고 어려운 단어도 더 쉽게 기억하고 이해하게 되지요.

낭독을 하면 꼼꼼하게 읽게 된다

낭독하다가 어색한 문장을 발견하기도 합니다. 눈으로만 읽었으면 잘 모르고 지나칠 수 있었을 텐데 소리를 내어 읽다보니 귀에 들린 것이지요. 작은아이는 매일 신문을 낭독하는데 어느 날 다음 문장을 읽다가 멈추었습니다.

"'외래종을 야생에 버리면 생태계 교란이 일어날 수 있다. 기르지 못할 피치 못할 사정이 생긴다면 지방 자치단체나 환경청에 문의해주기 바란다.' 어, 이상해요. '못할'이 연달아 두 번이나 나와요."

"그렇네. 그러면 어떻게 바꾸면 좋을까?"

"음⋯⋯'기르지 못할 사정이 생긴다면'으로 바꿀래요."

"맞아, 그렇게 하니 정말 훌륭하네. 기자보다 훨씬 나은 걸!"

낭독을 하면 눈으로만 읽을 때는 필요하지 않았던 호흡 조절도 해야 하고 목소리의 강약 변화도 느낄 수 있습니다. 처음 낭독할 때는 무슨 소리인지 알 수 없더라도 읽다 보면 목소리에 힘이 생기고 점차 자신감이 붙습니다.

아이가 책을 읽을 때 매일매일 그중 한 장은 소리 내어 읽으라고 해보세요. 처음에는 우물우물해서 알아들을 수 없을지도 모릅니다. 하지만 나무라지 말고 매일 꾸준히 읽게 하면 점점 발음이 분명해지고 실력이 좋아집니다.

읽는 것만 들어도 아이가 내용을 이해하는지 이해하지 못하는지 알 수 있습니다. 어디서 끊어 읽는지, 억양은 어떤지 들어보세요. 아이가 글자를 읽는 것에만 급급한지 아니면 의미를 파악하고 있는지 알 수 있습니다.

그렇다고 매번 아이가 읽는 것을 지적한다면 낭독을 싫어하게 될 수 있습니다. 여러 번 읽으면 점차 나아지니 인내심을 가지고 꾸준히 들어주세요.

처음부터 자신감 있게 또랑또랑 잘 읽는 아이에게도 낭독은 효과적입니다. 계속 연습하면 강약, 고저, 속도, 발음, 전달력이 더욱 향상됩니다.

만약 아이가 낭독을 힘들어하면 걸으면서 읽게 해보세요. 걸으면서 소리를 뱉으면 자연스럽게 리듬을 찾습니다. 몸의 움직임에 목소리도 맞추어지지요. 걷다보면 몸에 힘이 빠지고 편안하게 소리를 내게 됩니다. 국어책 읽듯 딱딱하게 읽다가도 어느덧 부드럽고 자연스럽게 바뀝니다. 어른도 마찬가지입니다. 엄마도 한번 녹음해서 처음과 끝부분을 비교하며 들어보세요.

다른 사람에게 들려주는 즐거움

동생에게 책을 읽어주게 하는 것도 방법입니다. 늘 듣기만 하던 입장에서 읽어주는 입장으로 바뀌면 아이는 으쓱한 마음이 듭니다. 책을 읽어주고 듣는 동안 평소에 아웅다웅 하던 형제자매도 마음이 풀어져 다정해집니다. 형이나 언니 입장에서 책을 읽어주면 책임감을 느끼면서 훨씬 의젓해집니다.

할머니나 할아버지에게 그림책을 읽어드리게 하는 것도 좋습니다. 할머니·할아버지 시대에는 그림책이 대중적이지 않았고 아이들만 보는 책이라는 인식도 있었습니다. 평생 그림책을 찬찬히 보고 감상할 기회가 없었던 분도 많습니다. 그런 분들께 아이가 책을 읽어드리며 그림과 글을 매개로 같이 대화를 나눌 수 있다면 조손 간의 정이 두터워질 것입니다.

부모가 아이에게 책을 읽어달라고 하는 것도 좋습니다. 그때는 '너 어디 얼마나 잘 읽는지 보자'라는 식으로 테스트하듯 하는 것이 아니라, 아이가 읽어주는 것을 듣고 싶다는 태도로 부탁해야 합니다. "엄마가 책을 읽고 싶은데 너무 피곤해서 우리 ○○가 대신 읽어줬으면 좋겠네", "우리 ○○가 읽어주는 책을 엄마가 듣고 싶어" 이렇게 이야기해보세요.

아이가 읽어주면 "우리 ○○가 읽어주니까 귀에 쏙쏙 잘 들어와서 정말 좋아, 이해가 더 잘 되네" 이런 칭찬도 반드시 곁들여주고요. 그러면 아이는 더욱 신나서 낭독할 것이고, 책을 읽는 실력이 높아짐은 물론 내용 이해도도 높아질 것입니다.

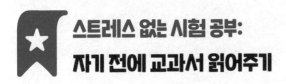

스트레스 없는 시험 공부:
자기 전에 교과서 읽어주기

교과서 읽어주기는 왜 필요할까?

요즘 교과서를 보면 격세지감을 느낍니다. '와, 요즘 교과
서는 이렇게 질이 좋아졌구나', '요즘에는 아이들이 이런
것도 배우는구나' 하는 놀라움이지요. 문체, 삽화, 편집도
예전과 같지 않습니다. 부모 세대의 권위적인 교과서와는
달리, 아이들에게 쉽고 편하게 다가가려고 노력한 것이 느
껴집니다.

교과서는 전문가들이 오랜 기간 공을 들여 만들어낸
공교육용 교재입니다. 한두 명이 쓰는 보통 책과는 다르지

요. 교과서는 새로운 교육 정책을 반영하고 아이의 발달 단계에 따라 공부 방향을 알려줍니다. 교과서를 보면 교육의 흐름을 파악할 수 있고, 교과서에 반영된 사회의 변화도 보이지요. 부모는 교과서를 통해 사회의 변화를 파악하고, 아이의 공부 방향과 기준을 잡을 수 있습니다.

그래서 저는 교과서 읽어주기를 권합니다. 다양한 동화책, 그림책, 새로운 지식을 알려주는 책과 함께 교과서를 읽어주면 아이와 더 가까워질 수 있습니다. 아이가 학교에서 무엇을 보고 배우는지 알 수 있으니까요. 아이에게도 학교에서 배운 것을 다시 한 번 되새기는 기회가 됩니다.

교과서 읽어주기는 복습의 의미로

교과서를 읽어주는 것은 일방적인 낭독과 다릅니다. 아이가 배운 것을 아는지 테스트하는 기회로 사용하는 것도 좋지 않습니다. 저는 아이와 대화하듯 교과서를 읽을 것을 권합니다. 그러면 아이는 학교에서 배운 기억을 되살리고 자신이 알고 있는 것을 부모에게 자랑할 수 있습니다. 부모는 교과서를 읽어주며 아이가 배우는 것을 함께 알아나가고 아이가 자신의 경험을 말로 풀어내는 것을 주의 깊게 들어줄 수 있지요.

교과서 읽어주기는 예습이 아닌 복습의 의미로 해야 합니다. 아무리 예쁜 삽화와 친절한 문체를 동원했다고 해도 국어책에 실린 동화가 아닌 다음에야 교과서의 내용은 딱딱하기 마련입니다. 부모가 읽어주는 교과서를 듣기만 해서는 지루하고 재미가 없지요. 하지만 수업에서 배웠던 것을 친숙한 목소리로 들으며 대화를 나누면 한 번 더 정리가 됩니다.

학교에서는 예전처럼 교과서만으로 수업을 하지 않습니다. 다양한 수업 도구로 활동을 하다보니 아이들은 자신이 배운 것 중 무엇이 중요한지 잘 파악하지 못하지요. 실험을 해도 실험의 재미에만 빠져 왜 그 실험을 했는지, 원리는 무엇인지 생각하지 못하는 경우가 많습니다. 하지만 교과서에는 학습 목표가 제시되어 있어 무엇을 배워야 하는지 놓치지 않게 해줍니다.

예를 들어 5학년 2학기 과학 교과서의 「생물과 환경」이라는 단원을 보면 다음과 같은 목표가 나와 있습니다.

✤ 습도가 우리 생활에 미치는 영향을 설명할 수 있다.

✤ 이슬, 안개, 구름의 공통점과 차이점을 설명할 수 있다.

✤ 바람이 부는 까닭을 기압과 관련지어 설명할 수 있다.

✤ 계절별 날씨의 특징을 공기 덩어리와 관련지어 설명할 수 있다.

교과서를 읽어주기 전에 미리 학습 목표를 확인해놓으면 아이와 무슨 이야기를 나누어야 할지 알 수 있습니다. 부담을 주지 않는 가벼운 소재로 대화를 유도하는 것이 좋습니다.

"예전에 산 정상에 갔었을 때 안개가 엄청났었지? 우리한테는 안개였는데 아래서 봤을 때는 구름이었을 거야."
"손오공이 진짜로 구름 위에 탈 수 있었을까?"
"경포대에 여름 휴가 갔을 때 밤에 추워서 겉옷 입었던 생각이 나네."

과학책에는 다양한 실험이 실려 있습니다. 학교에서 하지 않은 실험 중 하나를 골라서 아이와 함께 해보면 재미도 있고 교과 이해도도 높아질 것입니다.

시험 전날, 자기 전에 교과서를 읽어주세요

학기 초에는 학교에서 평가계획서를 보내줍니다. 교과서에 나온 모든 내용을 평가하기는 어려우니 학교에서 중점을 두고 있는 것을 알려주는 것이지요. 시험을 앞두고 있다면 평가 계획서에 있는 내용을 중점적으로 읽어주면 좋습니다.

특히 시험 전날 자기 전에 읽어주면 큰 도움이 됩니다. 이는 다양한 연구로 효과가 입증된 것으로, 자기 전에 연주나 운동을 하면 다음 날까지도 기량이 유지된다고 합니다. 잠을 자는 동안 뇌가 습득한 내용을 기억으로 변환시키기 때문입니다.

그러니 시험 전날, 시험 대비 문제를 풀라고 아이를 다그치기보다는 함께 침대에 누워 다정한 목소리로 교과서를 읽어주는 것은 어떨까요? 엄마가 읽어준 내용이 아이의 귀에 쏙쏙 들어가 다음 날 시험에 도움을 줄 것입니다.

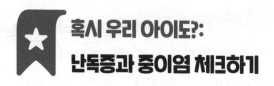

혹시 우리 아이도?: 난독증과 중이염 체크하기

독서 교육 전 필수 체크 사항 ❶: 난독증

재키 스튜어트는Jackie Stewart는 그랑프리경주에서 27번이나 우승하고 3차례 월드 챔피언에 올랐으며 기사 작위까지 수여받은 세계적인 카 레이서입니다. 하지만 스튜어트는 유년 시절 내내 글을 읽지 못해 창피를 당하고, 무엇을 해도 성공하지 못하리라는 생각이 들도록 교육받았다고 합니다. 스튜어트는 자신이 경주용 자동차를 몰 수 있다는 사실을 몰랐더라면 총 쏘는 방법을 이미 배운 터였으므로 분명 감옥이나 그보다 나쁜 곳에 갔을 것이라고 합니다.

스튜어트는 난독증으로 괴로움을 겪었습니다. 더 중요한 것은 적절한 도움을 받지 못하고 좌절 속에서 고통스러운 어린 시절을 보냈다는 것입니다. 난독증이 있다고 지능에 문제가 있는 것은 아니지만, 많은 난독증 아이가 학습에 어려움을 겪습니다. 주변 사람들의 무지로 적절한 때 치료를 받지 못하고 무시당한 기억은 회복할 수 없는 상처를 주기도 합니다. 스튜어트는 어른이 된 후 아무리 많은 상을 타고 아무리 많은 자동차와 비행기를 소유해도 진정으로 만족감을 느낀 적이 없다고 했습니다. 어릴 때의 상흔이 너무나 깊어서 평생 치유가 되지 않은 것이지요.

난독증의 이유와 유형

인간에게 읽기만을 위한 유전자나 특별한 선천적 능력은 없습니다. 배우지 않아도 걷고 뛰고 말할 수 있는 것과는 달리 글은 자연스럽게 읽을 수 있는 것이 아니지요. 읽지 못하는 것이 질병은 아닙니다. 읽기에는 원래는 다른 일에 사용되는 뇌의 수많은 부위가 관여합니다. 그 과정에서 인간이 문명사회에서 살지 않았으면 드러나지 않았을 많은 불협화음이 난독증을 일으키는 것이지요.

난독증의 원인에는 여러 가지가 있고 학자들 사이에서도 의견이 갈립니다. 하지만 널리 받아들여지는 것이 몇 가지 있습니다. 첫 번째, 철자에 대응하는 소리를 제대로 인지하지 못한다는 것입니다. 문자와 소리를 연결하려면 음소를 인지해야 합니다. 음소란 단어의 의미를 구별 짓는 최소의 소리 단위입니다. 예를 들면 '손'이라는 단어에서 'ㅅ', 'ㅗ', 'ㄴ'이 음소가 되겠지요. 난독증 아이들은 음소를 구분하고 그 음소를 문자에 연결하는 과정에서 어려움을 겪습니다.

두 번째, 시각 정보와 언어 정보를 처리하는 프로세스가 느리다는 것입니다. 눈으로 본 것이 바로 언어로 이어져야 하는데 난독증 아이들은 그 연결이 즉각적으로 되지 않아 해독에도 시간이 걸립니다. 읽기에만 급급하면 내용을 생각할 여유가 없어 뜻을 파악하기도 어렵습니다. 이런 경우, 글이 아니라 이미지를 주고 이름을 말하라고 해도 보통 아이들보다 시간이 오래 걸립니다.

세 번째, 문자를 읽으려면 좌뇌가 주로 사용되어야 하는데 난독증 아이들은 우뇌를 주로 사용한다는 것입니다.

문자 인지에는 양쪽 뇌가 다 필요하지만 보통은 좌뇌 중심으로 회로가 형성됩니다. 우뇌를 사용한다는 것은 가까운 길을 놓아두고 멀리 돌아가는 비효율적인 경로를 선택한다는 뜻입니다. 이런 난독증 아이는 보고 듣고 인출하고 통합하는 데 시간이 훨씬 더 걸릴 수밖에 없지요. 난독증의 원인은 너무 다양해서 이 세 가지에 해당되지 않을 수도 있고 세 가지가 전부 복합되어 나타나기도 합니다.

창조적인 사람은 난독증에 취약할까?

우리는 난독증을 겪었던 창조적인 인물들을 알고 있습니다. 알베르트 아인슈타인Albert Einstein, 토머스 에디슨Thomas Edison, 레오나르도 다빈치Leonardo da Vinci 등이 대표적이지요.

매리언 울프Maryanne Wolf 박사는 세계적인 난독증 연구자입니다. 울프 박사는 안토니 가우디Antoni Gaudí가 설계한 건물이 그득한 바르셀로나 거리를 며칠 동안 걸어 다니며 화려하고 기발한 디자인과 대담한 색채에 매혹되었습니다. 그리고 가우디가 난독증이었다고 확신했지요. 배우 톰 크루즈와 류승범도 난독증을 겪었다고 한 것을 볼 때, 우뇌

가 좌뇌보다 탁월한 이들이 난독증으로 어려움을 겪으면서
도 창조적 재능을 보이곤 하는 것 같습니다.

하지만 난독증의 어려움을 겪는 모든 아이가 창조적
인 능력을 발휘하는 것은 아닙니다. 중요한 것은 아이들이
자신감을 잃고 상처를 받기 전에 도와주어야 한다는 것이
지요. 영어는 불규칙한 철자가 많아 읽기 어렵기 때문에 난
독증이 쉽게 겉으로 드러나지만 한글은 그렇지 않습니다.
배우기 쉬운 한글의 특성이 아이러니하게도 난독증을 겪는
아이의 문제를 수면 아래 감추어두는 구실을 하지요. 우리
나라의 난독증 아이들은 한글을 어찌어찌 배워 힘겹게 읽
지만, 학년이 올라갈수록 읽기와 멀어지곤 합니다. 읽기와
멀어진다면 당연히 학업을 따라가기 어렵지요.

아직 난독증이 낯선 한국

『공부의 힘』의 저자인 노태권은 글을 읽지 못해 중학교만
간신히 졸업한 뒤 마흔이 넘어서야 3년이란 긴 시간을 들
여 한글을 뗐습니다. 막노동으로 생계를 꾸렸고 그의 아들
들 역시 제대로 관심을 받지 못해 중학교만 졸업했습니다.

그는 뒤늦게 피나는 노력으로 공부했고 자신이 공부한 방법을 아들들에게 적용해 둘 다 서울대학교에 보냈습니다.

노태권은 난독증이라는 용어를 2009년에야 처음 들어보았다고 합니다. 지금은 성공적인 삶을 살고 있지만 보다 일찍 난독증을 알았더라면 그와 가족이 그렇게 긴 시간 동안 고통스럽지 않아도 되었을 것입니다.

외국에 비해 우리나라는 난독증에 관심을 갖게 된 지 얼마 되지 않았습니다. 2010년대 초반만 해도 교육계에서조차 난독증을 잘 알지 못했지요. 하지만 2010년대 중반 이후부터는 많은 진단 방법이 개발되고 교육청에서는 교사들에게 난독증 관련 교육을 실시하고 있습니다.

아이가 글을 못 읽어 애태우는 부모에게 주변에서는 흔히 "기다리면 좋아진다", "누구는 몇 살 때야 글을 읽었는데 지금은 공부 잘 한다"라고 이야기합니다. 하지만 언어에도 빈익빈 부익부가 있어서 발달 초기에 언어 능력이 뒤처지면 따라잡기가 정말 어렵습니다.

난독증은 대부분 선천적이지만 불치병이 아닙니다. 조기에 발견해 적절한 치료를 받으면 대부분 극복할 수 있거나 아이가 겪는 어려움이 많이 줄어듭니다. 다음은 한국학습장애학회에서 제공하는 '난독증 특성 체크리스트'입니다.

1. 지능은 정상(지적장애가 없고, 학습 이외 활동이 또래와 비슷함)으로 보이나 읽기, 쓰기(철자)를 또래 학년 수준만큼 잘 하지 못한다.

2. 지능이 정상으로 문제를 읽어주면 잘 하나, 혼자 읽고 문제를 푸는 것은 잘 하지 못한다.

3. 들은 내용을 즉시 전달하거나 자기의 말로 바꾸어 말하는 데 어려움이 있다(예: 말 전하기 등).

4. 말할 때 단어를 잘못 발음하거나 음절, 단어, 구의 순서를 바꾸어 말한다(예: 로그인-그로인, 노점상-점노상 등).

5. 말할 때 많이 머뭇거리거나 적절한 단어를 찾지 못한다(예: '음', '아', '저기' 등의 잦은 사용).

6. 특정 받침 발음에 문제를 보인다(예: '밝아'를 '박아'로 말함).

7. 구어적 지시를 이해하는 데 어려움이 있다.

8. 읽을 때 단어에서 글자를 빠뜨리거나 첨가해 읽는다.

9. 여러 음절로 이루어진 단어, 낯설고 복잡한 단어들

을 발음하는 것을 어려워한다(예: '콘 푸로스트'를 '콘 프로'로 읽거나 복합명사인 '켄터키 프라이드 치킨' 등을 발음하기 어려워 함).

10. 글자에서 낱자와 소리 간의 관계를 모른다(예: '가'에서 'ㄱ'을 '그', 'ㅏ'를 '아'로 소리 내는 것을 모름).

11. 단어를 소리 나는 대로 읽지 못한다(예: '값이'를 '갑시'로 '국물'을 '궁물' 등 소리 나는 대로 읽지 못하고 '값이'를 '값이'로, '국물'을 '국물' 등 글자 그대로 발음함).

12. 단어를 쓸 때 글자를 생략, 대체, 첨가, 중복하거나 순서를 바꾸어 쓴다.

13. 단어 내에서 소리의 조합, 대치, 분리에 문제를 보인다(조합: ㅋ+ㅗ+ㅇ=콩, 대치: '가지'에 'ㄱ' 대신 'ㅂ'을 넣으면 '바지', 분리: '차'가 'ㅊ+ㅏ'로 된다는 것 등을 모름).

14. 같은 소리로 시작하거나 끝나는 단어를 잘 찾지 못한다(예: '리' 자로 끝나는 말은?).

15. 글을 읽기 위한 음운(자음과 모음) 인식에 문제가 있다.

16. 또래에 비해 글을 소리 내어 유창하게 읽지 못한다.

17. 짧은 단락(문단)을 읽고 이해하지 못한다.

18. 국어 성적이 아주 낮다.

19. 새로운 어휘를 배우고 기억하는 데 어려움이 있다(예: '무령왕릉'처럼 어려운 단어를 배우고 기억하는 데 어려움이 있음).

20. 흔히 보는 어휘를 빨리 파악하지 못한다(예: '당기시오', '미시오', '계단주의', '우측통행' 등).

21. 좌우, 상하 등 방향 감각이나 공간 지각에 어려움이 있다.

22. 책을 읽을 때 어지러움, 두통, 배 아픔 등을 호소한다.

23. 읽는 것을 꺼려하고 어려워하거나 공포를 나타낸다.

24. 책을 잘(많이) 읽을 수가 없어서 또래에 비해 배경지식이 부족한 것 같다.

25. 듣기 이해력이 읽기 이해력보다 나은 것 같다.

26. 가족 중에 읽기 학습이 어려웠던(난독증) 사람이 있다.

27. 음악, 미술, 연기·연극, 스포츠, 조작 활동 중 한 영역 이상에 소질이 있어 보인다.

독서 교육 전 필수 체크 사항 ❷: 중이염

난독증과 함께 독서 지도 전에 꼭 확인해보아야 하는 것은 중이염입니다. 중이염은 언어 습득에 영향을 미칩니다. 저에게는 쌍둥이 조카가 있습니다. 아이들이 말을 배울 무렵 흥미로운 현상을 발견했습니다. 한두 달에 한 번씩 조카들을 보곤 했는데, 처음에는 저와 제 남편을 고모라고 부르더군요. 어느 순간에는 저를 고모부로, 제 남편을 고모로 부르기도 했습니다. 굳이 그때마다 바로잡지는 않았지만 몇 달이 지나니 알아서 제대로 부르기 시작했습니다.

아이들은 새로운 소리를 거듭해서 듣고 말을 배웁니다. 쌍둥이 조카들이 알고 있는 가족 구성원은 친척을 포함해 엄마, 아빠, 오빠, 언니, 할머니, 할아버지라서 발음이 구분됩니다. 아마 아빠와 오빠는 처음에는 헷갈렸을 겁니다. 그래도 한집에 사니 하루에도 여러 번 들어 소리를 구분할 수 있게 되었겠지요. 그런데 한두 달에 한 번 보는 고모와 고모부는 아이들을 혼란에 빠뜨리기 충분했습니다. 분명히 여자와 남자의 차이를 인식하고 두 인물이 다르다는 것을 알고 있는데, 부르는 이름이 같다고 생각했을 테니까요. 아이들은 처음 두 음절 '고모'는 확실히 인식했지만 세 번째 음절 '부'를 분리해내기가 쉽지 않았던 것이지요.

중이염이 위험한 이유

아이들은 어떤 단어를 들으면 그 단어를 들었을 때의 상황에 맞추어 그 단어에 대한 나름의 표상을 형성하게 됩니다. 한 단어를 다양한 상황에서 여러 번 들으면 그 단어의 의미를 제대로 이해하게 되지요.

예를 들어 아이가 '연'이라는 새로운 단어를 듣습니다. 그 단어를 듣는 상황을 통해 '연'이 하늘을 나는 것이라는 표상을 갖게 되겠지요. 나중에 '풀'이라는 단어를 듣습니다. 종이들을 붙어 있게 해주는 것이라는 표상을 갖겠지요. 그리고 '연필'이라는 단어를 듣습니다. 글씨를 쓰는 도구라는 표상을 갖습니다. 이렇게 아이는 혼란 없이 단어를 이해합니다. 혼란이 있더라도 이어지는 경험으로 곧 바로잡게 됩니다.

하지만 안타깝게도 중이염, 그중에서도 삼출성 중이염에 걸렸을 때는 그런 과정이 쉽게 이루어지지 않습니다.

중이中耳는 고막 안쪽의 작은 공간입니다. 보통은 공기로 차 있는데 여기에 염증이 생기면 삼출액이나 고름이 차 소리 전도가 어려워집니다. 소리가 삼출액이나 고름을 통과하느라 늦게 전달되어 15~20데시벨 정도로 손상되기 때문이지요. 귀에 물이 들어가서 멍멍한 상태를 생각해보세요. 중이염에 걸리면 그 상태가 짧으면 며칠, 길면 몇 달 혹은 몇 년이 가기도 합니다. 그런 상태가 지속될 때 아이에게는 어떤 일이 일어날까요?

일관성 없이 들리는 '연' 혹은 비슷한 발음들, 역시 매번 정확히 들리지 않는 '풀', 그리고 '연필'이라는 말도 들립니다. 중이염을 앓는 아이 귀에는 '연필'이 '연풀'이나 다른 소리로도 들릴 것입니다. 일관적이지 않은 음성 정보를 얻게 된 아이는 '연필'에 대해서 불분명한 표상을 갖게 됩니다. 매일매일 새로운 단어를 여러 개씩 배우는 시기에 이런 일을 겪으면 당연히 나쁜 결과가 뒤따릅니다. 인지적 혼란은 물론 새로운 단어를 습득하는 데 더 많은 시간이 걸리게 되는 것이지요.

중이염과 난독증의 상관관계

중이염을 언제 얼마나 앓았느냐에 달라지지만, 중이염은 결과적으로 언어에서 가장 중요한 예비 단계인 어휘력 발달과 음소의 인지에 악영향을 미칩니다. 단어가 확인되고, 이해되고, 기억에 저장되고, 인출되려면 단어가 음소 수준에서 분리되어야 합니다. 하지만 청력에 문제가 생기면 그 과정이 원활하게 이루어지지 않습니다.

이렇게 어휘력과 음소의 인지에 차질이 생기면 독서에도 문제가 생깁니다. 연구에 의하면 중이염을 자주 앓고 올바른 치료를 받지 않은 아이들은 나중에 독서 능력에 훨씬 떨어졌습니다. 언어의 빈익빈 부익부 현상에 따라 초반에 단어 습득에서 뒤처진 아이들은 그 격차가 점점 벌어져 따라잡을 수 없게 됩니다.

중이염과 난독증의 상관관계를 연구한 결과도 있습니다. 여러 나라 아이들 1,000명을 대상으로 한 연구에서 난독증 아이들이 그렇지 않은 아이들보다 중이염 병력이 높다고 발표되었습니다. 태어날 때 뇌에 이상이 없더라도 중이염 때문에 음운 처리 능력과 내이의 전정기관에 문제가 생기면 언어 발달과 읽기에 큰 후유증을 남깁니다.

흔하다고 쉽게 넘어가지 마세요

저의 작은아이는 어릴 때 중이염을 많이 앓았습니다. 병원에서는 다 나을 때까지 계속 오라고 했지만 몇 달 동안 항생제를 먹이다 지쳐 좀 괜찮은 것 같으면 그만두기를 되풀이했지요. 대학병원에서는 수술을 권했지만 수술해도 재발할 수 있다고 해 포기할 수밖에 없었습니다. 작은아이는 초등학교 입학 전까지 중이염에 시달리지 않은 시기가 별로 없었던 듯합니다.

그때는 중이염과 언어 능력이 연관 있다고 생각하지 못했습니다. 작은아이는 어휘력도 또래보다 많이 떨어졌고 읽는 것에도 관심을 전혀 보이지 않았습니다. 아이 입장에서 생각해보면 주변에 이해할 수 없는 것투성이니 아예 신경을 끄고 살았을 겁니다. 지금은 지속적인 책 읽기와 신문 읽기로 어휘력과 국어 실력이 많이 향상되었습니다. 언어가 늘다보니 이해력도 늘어 다른 과목 실력도 같이 좋아졌지요.

중이염은 소아에게 삼기 다음으로 흔한 질병입니다. 3세 이하 소아의 약 30퍼센트는 적어도 3회 이상 중이염을 앓는다고 합니다. 그렇게 흔하기에 심각성을 간과하기 쉽습니다. 하지만 아이가 중이염에 걸리면 다 나을 때까지 적극적으로 치료해야 합니다.

동시에 더 많이 집중적으로 책을 읽어주어 아이의 어휘력이 부족하지 않도록 각별히 노력해야 합니다. 아이의 잘못이 아닌데 환경 요인 때문에 학업에서 뒤처지고 자신감을 잃는다면 참으로 가슴 아픈 일이지 않을까요.

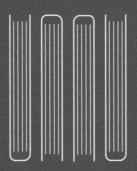

2장

저절로 몸에 익는
독서 습관 만들기

도서관으로 놀러 가자!

친구도 책도 강요할 수 없어요

부모는 아이에게 어떤 책을 권해주어야 좋을지 고민합니다. 독서 전문가에게 가장 많이 묻는 것도 '우리 아이에게 어떤 책을 읽힐지 추천해달라'는 것이지요. 하지만 누구에게나 맞는 추천 도서는 없습니다. 연령대별 분류도 큰 의미가 없습니다. 특히 '초등학생이 반드시 읽어야 할 100선', '서울대 선정 고전 100선' 이런 것은 기억 속에서 지우는 것이 좋습니다.

예를 들어 '마키아벨리'나 '프랜시스 베이컨'을 검색하면 초등학생용 만화책이 주르륵 뜹니다. 아이에게 그렇게라도 고전을 읽히고 싶은 부모의 마음을 노린 책들입니다. 그런데 부모는 과연 그 책을 읽었을까요? 의미도 모를 이야기를 억지로 읽어야 하는 아이들은 점점 책에서 멀어질 뿐입니다.

책은 아이들에게 친구와도 같습니다. 자신이 좋아하는 친구, 자신이 사귀고 싶은 친구를 만나야 하는 것처럼 책도 자신이 읽고 싶은 것을 읽어야 합니다. 마음에 들고 친해지고 싶어서 스스로 손을 내밀어야 합니다. 부모는 아이가 다양한 친구를 만나고 친해질 기회를 만들어주면 되는 것이지요. 똑똑하고 착해서 어른들에게 평판이 좋은 누군가를 아이 앞에 데려다 놓고 "얘랑 놀면 너한테 도움이 될 거야. 얘랑 친구해!"라고 하는 부모는 없겠지요.

책도 마찬가지입니다. 책을 고르는 기준은 권장 도서가 아니라 아이입니다. 아이들은 끌리는 책을 만나면 읽고 또 읽습니다. 기발하고 신기한 내용, 혹은 내가 하지 못하는 것을 대신 해주는 주인공이 등장하는 책에 매력을 느끼지요.

중요한 것은 자신의 선택

아이가 스스로 선택하고 읽어서 다양한 책에 호기심을 느끼도록 해주어야 합니다. 그러자면 아이가 수많은 선택지 앞에서 좋아하는 것을 찾도록 도와주어야 하겠지요. 이때 무엇보다 유용한 것이 바로 도서관입니다.

도서관은 직접 경험할 수 없는 세상을 간접적으로 알게 해줍니다. 도서관에서 시간을 보내다보면 생각도 못했던 분야를 알 수도 있고 자기가 관심 있었던 분야의 책을 발견할 수도 있습니다.

정기적으로 도서관을 방문해 책을 빌려오고 도서관에서 진행하는 프로그램에 참여하는 것도 좋지만, 우선 도서관을 놀이터 삼아 자주 가는 것이 중요합니다. 아동 도서실에서 뒹굴거리며 책을 읽어도 좋고 구내식당에서 색다른 기분으로 식사를 하고 와도 좋습니다. 굳이 매번 책을 빌리지 않아도 괜찮습니다. 이 책 저 책 꺼내어 읽다가 그냥 두고 와도 좋습니다. 뒷이야기가 궁금한 책이 있다면 빌려오면 되고요.

도서관이 처음이라면

도서관에 익숙해지기 전에는 너무 많은 책에 압도될 수 있습니다. 책이 너무 많아 무엇을 골라야 할지 결정하지 못하고 당황할 수도 있지요. 그럴 때는 분야를 정해주는 것도 좋습니다. 예를 들면 책장을 지정해주고 여기서 책을 골라보자고 하면 아이가 마음의 부담을 덜고 비교적 쉽게 책을 선택할 수 있지요. 만약 지정한 책장에서 마음에 드는 책을 찾지 못한다면 범위를 더 넓혀주어도 좋습니다.

분류 기호를 활용하는 것도 좋은 방법입니다. 도서관은 일정한 주제에 따라 책을 분류합니다. 한국십진분류법에 따르면 000번대는 특정 학문이나 주제에 속하지 않는 책, 100번은 철학, 200번은 종교, 300번은 사회과학, 400번은 자연과학, 500번은 기술과학, 600번은 예술, 700번은 언어, 800번은 문학, 900번은 역사입니다.

처음에는 아이들이 좋아하는 300번대나 800번대로 시작하면 좋습니다. 동화책이 있는 800번대는 몰라도 아이들이 300번대를 좋아한다는 게 이상하게 느껴질 수도 있지만, 옛이야기나 전래 동화가 300번대에 포함되곤 합니다.

도서관에서 하는 책 찾기 게임

책 찾기 게임도 좋습니다. 우선 분류 기호의 두 번째 자리까지 지정합니다. 예를 들면 800번대에서도 830번대를 지정하는 겁니다. 그리고 그 뒤의 작가 이름을 나타내는 기호를 하나 고릅니다. 예를 들면 830번대의 'ㅁ'을 선택할 수 있겠지요. 그 조건에 맞는 책을 부모는 성인 열람실에서, 아이는 아동 열람실에서 빨리 찾아오는 사람이 이기는 게임입니다.

이 게임의 목적은 책을 빨리 찾는 것이 아닙니다. 만약 부모는 '834-모'가 붙은 모리 마리森茉莉의 『홍차와 장미의 나날』을 성인 열람실에서 찾아왔고 아이는 '833.8-모'가 붙은 모리야마 미야코森山京의 『노란 양동이』를 찾아왔다면 두 책을 비교해 볼 수 있습니다. 공통점을 찾아본다면 무엇이 있을까요? 네, 둘 다 일본 작가의 작품입니다. 차이점은 무엇일까요? 하나는 동화책이고 하나는 산문집이라는 것입니다.

490번대의 'ㅍ'을 지정했다면 어른이나 아이나 『파브르 곤충기』를 선택할 확률이 높습니다. 그러면 똑같은 책을 골라왔다는 데 즐거움을 느끼고 함께 고른 작가에 대해 이야기해볼 수 있습니다. 같은 책도 어린이용과 어른용이 어떻게 다른지 비교할 수 있지요. 만약 497번을 동시에 골라왔다면 두 권 다 어류에 대한 책이라는 것을 알 수 있습니다. 이런 활동을 되풀이하면 지식을 분류하고 범주화하는 것을 체득할 수 있게 됩니다.

아이의 마음에 책을 심어주세요

이렇게 하는 동안 아이는 수많은 책을 스쳐 지나가게 됩니다. 이 세상에는 많은 책이 있고, 알지 못하는 많은 분야가 있다는 것 또한 은연중 깨닫게 되지요. 아이의 마음속에 심어진 이러한 씨앗은 어느 순간 싹을 틔웁니다. 또한 서가의 위치를 파악하고 자신이 원하는 책을 금방 찾을 수 있게도 되지요.

도서관은 찾는 사람에게 평생의 길잡이가 되어줍니다. 어릴 때부터 수천 년 이어진 인간 지혜의 보고를 어느 때나 손쉽고 편하게 접할 수 있다면 얼마나 좋을까요? 아이는 도서관에서 인류의 지혜를 자신의 것으로 체득하며

성장해나갈 것입니다. 이번 주말이라도 아이의 손을 잡고
도서관으로 여행을 떠나보세요.

책을 고르는 백 가지 방법

명절과 절기에 따라 책 찾기

다양한 분야에 호기심이 많아 아무 책이나 손이 닿는 대로 읽거나 관심 분야가 정해져 있어 그쪽에 몰두하는 아이가 아니라면 무슨 책을 읽어야 할지 몰라 주저하기 마련입니다. 그런 아이들을 위해 책을 고르는 다양한 방법을 소개합니다.

첫 번째는 달력을 이용하는 방법입니다. 필기구를 준비하고 아이와 함께 달력을 펼쳐보세요. 만약 새해를 맞았다면 설날이 가장 먼저 보일 것입니다. 설날이나 추석에 대해서는 정말 다양한 책이 나와 있습니다. 설날이라는 키워드를 자주 이용하는 도서관 홈페이지에서 검색해봅니다. 각종 그림책, 동화책 등 설날에 관한 책이 주르륵 뜰 것입니다. 아이와 함께 책표지와 제목을 보며 관심이 가는 책의 목록을 작성합니다. 그런 식으로 한식, 단오, 추석에 관한 리스트를 뽑아봅니다. 그리고 도서관에 가서 아이와 함께 리스트에 있는 책을 찾아봅니다. 리스트에 있는 책 중에 아이가 실물로 보고 흥미를 보인 책을 고릅니다.

명절 외에 24절기를 기준으로 고를 수도 있습니다. 만약 아이가 어려서 아직 24절기를 이해하기 어렵다면 사계절에 관한 책을 골라도 좋습니다. 아이들은 물론 요즘에는 어른도 체감하기 어려운 농경문화를 계절의 변화에 맞추어 이해할 수 있습니다. 24절기를 모두 일일이 설명하는 책은 없지만, 절기에 대해 여러 권으로 나누어 설명한 시리즈나 한 권으로 정리한 책은 찾을 수 있습니다. 또한 우리가 평소 자주 입에 올리는 입춘이나 동지 등에 대해서는 다양한 책이 나와 있습니다.

기념일 관련 책 읽고 경험하기

달력에는 많은 기념일이 있습니다. 공휴일이어서 학교에 가지 않는다고 좋아만 할 것이 아니라 그것을 왜 기념하는 지 알게 되는 것도 의미 있지요. 공휴일 외에도 우리가 그 냥 스쳐 지나가는 다양한 기념일이 있습니다. 4·3 희생자 추념일을 통해 우리나라의 아픈 현대사를 돌아볼 수 있을 것이고, 식목일을 통해 자연 보존의 중요성을, 근로자의 날 을 통해 노동의 신성함을, 유권자의 날을 통해 민주 시민의 의무와 권리를, 철도의 날을 통해 철도의 역할과 역사 등을 알 수 있습니다.

달력의 다양한 절기와 기념일에 관한 책을 읽었다면, 책으로 지식만 쌓고 끝나는 것보다 직접 경험하는 것을 권 합니다. 철도박물관에 가면 우리나라의 오래된 증기 기관 차부터 최신 기차까지 직접 보고 철도 발전 역사를 알 수 있지요. 지방자치의 날 즈음에 지방의회 참관을 해도 뜻 깊 을 것입니다.

저는 현충일에 아이들을 데리고 현충원에 갔습니다. 어린이날의 놀이공원 이상으로 붐비고 뙤약볕에 많이 걸어야 해서 다들 힘들긴 했지요. 하지만 끝도 없이 늘어선 하얀 비석들을 아무런 감정 없이 바라보기가 더 힘들었을 것입니다. 아이들은 나라를 위해 목숨 바친 순국선열들에 대한 고마움을 느낄 수 있었고, 마침 대통령 내외가 손을 흔드는 것도 바로 앞에서 보는 경험까지 했습니다.

교과서 연관 책 찾기

달력을 보고 책을 고르는 것처럼 교과서를 보고 책을 고를 수도 있습니다. 이때는 주제를 정해놓고 바로 찾는 것보다는 폭넓은 배경지식을 쌓는다고 생각하고 찾는 게 좋습니다. 미리 공부해버리면 학교에서 배우는 것에 흥미가 떨어질 수 있습니다. 선생님의 지도 내용을 잘 알아듣고 배운 내용에 관련한 질문을 떠올릴 수 있을 만큼이면 충분합니다.

교과서를 새로 받았다면 먼저 단원 제목 정도만 훑어봅니다. 그리고 관심이 가거나 더 알고 싶은 단원, 혹은 잘 몰라서 어려울 것 같은 단원을 찾아봅니다.

예를 들어 4학년 2학기 사회 교과서의 「촌락과 도시」라면 종이에 마인드맵을 그려봅니다. 이 주제에 관해 떠오르는 단어들을 우선 쭉 적어보는 것이지요. 시골, 농사, 농장, 산, 빌딩, 지하철, 교통 체증, 어부, 바다, 아파트 등등이 있겠지요. 이렇게 적어놓은 단어 중 궁금한 것에 관한 책을 찾아봅니다. 교과서에 나온 내용만 아는 아이와 겉으로 드러나지는 않아도 그 저변에 깔린 내용까지 아는 아이는 이해의 깊이가 다를 수밖에 없습니다.

아이와 이런 작업을 함께 해보면 요즘 아이들이 배우는 용어는 부모 세대와 많이 다르다는 것을 알 수 있습니다. 저는 어릴 때 농촌, 어촌, 산촌으로 배웠는데 요즘 아이들은 농촌, 어촌, 산지촌으로 배우더군요. 그러면 왜 용어가 바뀌었을까 궁금해지고 이유를 찾아보게 됩니다. 아이에게 "엄마 때는 이렇게 배웠는데……"라며 이야기해주어도 이해의 폭이 넓어질 것입니다.

아이의 취향 찾아주기

아이가 좋아하는 작가의 작품을 계속 읽게 하는 것도 좋은 방법입니다. 어린아이는 자신이 어떤 작가의 작품을 좋아한다고 인식하기 쉽지 않습니다. 다만 어떤 책이 재미있어서 그 시리즈를 계속 보는 경우는 많지요. 만약 아이가 어떤 작품을 재미있게 읽었다면 그 작가의 다른 작품도 추천해줍니다. 같은 작가가 쓴 것이니 재미있을 거라고 하면 아이는 기대감을 가지지요.

이 방법이 매번 통하는 것은 아닙니다. 같은 작가가 썼다고 해서 항상 아이의 취향에 맞지는 않으니까요. 하지만 성공적인 경험이 여러 번 이어지고 그중 한두 번은 별로라면 괜찮습니다. 어느덧 작가와 작품에 대한 안목, 그리고 자기 취향에 대한 안목이 길러집니다. 부모는 지난번에는 이러이러해서 마음에 들었는데 이번에는 이러이러해서 별로였다는 정도의 대답을 아이에게서 이끌어내주면 아주 좋지요. 또한 한 작가에 대한 관심은 그 작가가 다룬 주제에 대한 관심으로도 이어져 폭넓은 생각을 하는 좋은 계기가 됩니다.

좋아하는 작가가 생기면 작가에게 편지를 써보게 해도 좋습니다. 혹은 작가의 홈페이지에 방문해 댓글을 남겨도 되겠지요. 좀더 적극적으로 한다면 강연회를 찾아가는 것도 좋은 기억을 남기는 방법입니다. 직접 질문도 하고 대화도 나눌 수 있으니까요. 학교 도서관에서 하는 작가 초청

행사 때 초대해달라고 건의하는 것도 한 방법입니다.

영상과 독서 연결하기

아이가 어떤 영화를 재미있게 보았다면 그 원작을 찾아서 읽어보는 것도 추천합니다. 글로 된 이야기와 영상으로 만든 이야기를 비교하다보면 대화 소재가 풍부해지지요.

　스톱모션애니메이션 〈코렐라인〉을 보았다면 원작인 『코랄린』을 찾아서 읽어볼 수 있습니다. 아마 아이는 애니메이션에 나왔던 와이비가 책에는 없다는 사실을 발견할 것입니다. 그렇다면 애니메이션 감독은 왜 원작에 없는 새로운 인물을 추가했는지 생각해볼 수 있지요.

　원작을 비튼 영화나 애니메이션도 아이에게 신선한 충격을 주고 새로운 방향에서 생각할 기회를 줍니다. 『잠자는 숲속의 공주』에서 마녀가 왜 그런 짓을 했는지 〈말레피센트〉를 통해 생각해볼 수 있습니다.

　이때 중요한 것은 그렇게 비튼 이야기와 원작은 다르다는 것을 아이에게 이해시키는 것입니다. 그렇지 않으면 아이가 혼란을 느낄 수 있습니다. 감독이나 작가가 원작의 일부분을 바꾸어 새로운 이야기를 만들어냈다는 것을 대화를 통해 알려주어야 합니다. 아이에게 네가 감독이라면 이야기를 어떻게 바꾸겠냐고 물어보는 것도 좋은 방법입니다.

영화를 재미있게 보았다면 원작을 읽어보라고 했지만 사실 영화를 먼저 보는 것은 처음 한두 번으로 끝내는 것이 좋습니다. 영화의 시각적 이미지는 너무 강력해서, 영상을 먼저 보고 나면 뇌리에 각인되어 책을 읽으면서 상상의 나래를 펼치기가 어렵거든요. 아이가 원작과 영화를 비교해 보는 것에 재미를 느꼈다면 원작을 먼저 권해보세요. 아이는 쉽게 따라올 것입니다.

여행과 함께하는 독서의 매력

또 다른 방법은 여행지에 관련된 책을 고르는 것입니다. 국내든 국외든 여행지가 정해지면 자료 조사를 합니다. 그곳의 역사, 문물 그리고 그 지역만의 특색 있는 음식까지도 말이지요. 가서 무엇을 볼 것인지, 어디를 방문할 것인지, 무엇을 먹을 것인지 찾아보게 합니다. 처음부터 아이에게 여행 일정을 짜게 하는 것도 자기 주도성을 키워주는 좋은 방법입니다. 아이가 가고 싶어 하는 곳으로 여행을 가는 것도 좋습니다. 자기가 원했던 곳이니 더 적극적으로 알아보게 됩니다.

하지만 욕심이 지나쳐 모든 것을 알아보고 공부하라고 강요하면 곤란합니다. 아는 만큼 보인다는 말도 있지만 지나침은 모자람만 못하지요. 이미 다 알고 있다면 여행하는 의미가 있을까요? 여행지에서 새로운 것을 발견했을 때의 기쁨, 낯선 것과 조우하는 설렘의 여지는 남겨두어야 합니다.

너무 큰 기대를 하고 있다가 막상 여행지에서 실물을 접했을 때 실망한 경험은 누구나 있을 것입니다. 그래도 아이는 자기가 고른 여행지에서 책과 사진으로만 보던 것을 직접 확인할 때 큰 기쁨을 느낍니다. 다만 어디서든 호기심의 싹을 남겨두어 집에 돌아와서도 그것에 대해 찾아보게 하는 것이 중요하지요. 지나친 사전 조사로 관심을 떨어뜨리는 것보다는 여행을 다녀온 뒤 궁금증을 풀어가는 것이 효과적입니다. 직접 경험한 것에서 발생한 호기심은 매우 강렬합니다.

책 보물찾기

책에 도통 관심이 없어 집에 무슨 책이 있는지도 모르는 아이도 많지요. 이런 경우 보물찾기를 하면 한 번도 들여다본 적이 없는 책들을 접할 수 있습니다.

부모는 간단한 보물을 준비하고 그 보물 이름을 종이에 써서 책 속에 숨깁니다. 그리고 보물이 숨겨진 곳에 대한 힌트를 적은 또 다른 종이를 준비합니다. 쉬운 수준으로 한다면 '제목에 '사랑'이라는 단어가 들어 있는 책' 정도로 할 수 있습니다. 아이는 보물을 찾으려고 집에 있는 책의 제목을 열심히 훑어볼 것입니다.

어느 정도 책을 읽은 아이와 한다면 책의 주제나 주인공의 행동, 혹은 등장인물의 직업 등을 힌트로 제시할 수 있지요. 평소에 부모가 아이 앞에서 책을 많이 읽었다면 '엄마가 언제 읽은 책', '아빠가 제일 좋아하는 책' 등의 힌트를 낼 수 있습니다.

아이도 부모에게 문제를 낼 수 있습니다. 그럴 경우 보물은 물질적인 것보다는 안마하기, 설거지하기, 화장실 청소하기, 부모님 소원 들어주기 쿠폰이면 적절하겠지요.

온 가족이 힌트를 내고 서로에게 보물을 선사하는 '보물찾기 데이'를 만들어보세요. 이런 경험을 통해 아이는 집에 어떤 책이 있는지 알게 되고, 관심이 없던 책을 직접 꺼내들어 넘겨보게 될 것입니다. 그러다 호기심이 생겨서 책을 읽고 싶어진다면 좋겠지만, 그렇지 않더라도 아이의 무의식 속에 다양한 단어와 지식이 스쳐지나갑니다. 그러면 나중에라도 필요할 때 관련 책을 떠올릴 수 있겠지요.

책을 고를 때 주의할 점

책을 선택하는 방법은 여러 가지가 있지만 유의해야 할 점은 아이의 수준을 벗어나서는 안 된다는 것입니다. 아이를 어떤 테두리 안에 가두고 '몇 살이면 읽어야 하는 책'이라는 식으로 독서 목록을 규정짓지 않도록 조심해야 합니다.

아이가 자신이 좋아하고 자신에게 맞는 책부터 읽어 성공적인 독서 경험을 할 때 발전이 이루어집니다. 그렇게 되면 어떤 분야에서는 지식이 쌓이고 그 분야에서는 수준 높은 책들도 얼마든지 소화해낼 수 있습니다.

호기심은 허공에서 뚝 떨어지는 것이 아닙니다. 자기

안에 적절한 씨앗이 있기에, 다시 말하면 자신이 아는 것과 모르는 것을 인식하기에 더 알고 싶은 마음도 생기는 것이지요.

부모는 아이의 마음속에 각양각색의 씨앗을 계속해서 심어주어야 합니다. 아이와 함께 고른 여러 분야의 다양한 책을 월별, 혹은 분기별, 혹은 학기별로 정리해보세요. 읽을 책의 리스트를 마련해서 다 읽은 것을 표시하면 성취감을 느낄 수 있습니다. 아이가 지치지 않고 세상에 대한 관심을 확장해나갈 수 있게 꾸준히 격려해주세요.

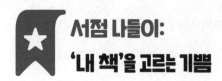

서점 나들이:
'내 책'을 고르는 기쁨

서점이 특별한 이유

앞에서 도서관을 활용하는 다양한 방법을 소개했습니다. 도서관은 언제든 찾아가고 필요할 때마다 도움을 받을 수 있는 곳이 되어야 합니다. 서점은 도서관과 다릅니다. 서점 나들이가 익숙한 아이는 서점을 '내 것'을 가질 수 있는 장소라고 생각합니다.

　도서관에서는 아무 책이나 골라서 가져올 수 있습니다. 하지만 서점에서는 그렇게 할 수 없지요. 그렇기에 더 고심해서 책을 고르고, 마음에 쏙 드는 책의 값을 지불하고 내 것으로 삼는 기쁨을 누릴 수 있습니다. 내가 직접 골라 소유하게 된 책에는 더 애착이 갈 수 밖에 없습니다. 게다가 내 책에는 마음대로 밑줄을 그을 수도 있고, 떠오르는 생각을 적을 수도 있지요.

아이들을 도서관뿐만 아니라 서점에도 데려가주세요. 한 달에 한 번 정도 아이와 약속을 정해 서점으로 나들이를 갑니다. 책에 흥미를 붙이는 단계라면 첫 몇 개월 동안에는 아무리 부모의 마음에 들지 않아도 책 선정을 아이에게 맡겨야 합니다. 단, 만화책은 제외하고요. 다양한 책에 관심을 갖게 하려고 아이를 서점에 데리고 가는데, 처음부터 만화책을 고르면 아이의 관심사가 다른 쪽으로 넓어지기 어렵습니다.

아이가 책을 고르기 어려워하면 「책을 고르는 백 가지 방법」(74쪽)에서 이야기한 방법을 활용해서 책을 찾아보도록 도와줍니다. 혹은 아이가 좋아할 만한 책을 부모가 골라 권해주는 것도 좋지요. 이럴 때는 학교 공부에 도움이 되는 책, 지식을 쌓는 데 도움이 되는 책이 아닌 아이가 흥미를 보이고 갖고 싶어 하는 책을 권해주어야 합니다.

그 자리에서 사주세요

중요한 것은 아이가 책을 고르면 그 자리에서 바로 사주어야 한다는 것입니다. 서점에서 실물을 본 뒤 온라인으로 구매하는 사람이 많습니다. 물론 할인이나 포인트 적립을 감안하면 온라인 구매 쪽으로 마음이 기울 수도 있습니다. 하지만 서점 나들이의 목적은 아이가 책을 고르고, 고른 책을 소유하는 일련의 활동을 통해 책에 대한 관심과 호기심을 키우는 데 있습니다.

책은 자신이 읽고 싶을 때 읽어야 동기 부여도 되고 기억에도 잘 남습니다. 시간이 지나면 관심이 시들해져 있을 가능성이 높지요. 오프라인 서점에서 책을 구매하면서 지불하는 금액을 아이의 긍정적인 독서 습관을 위한 투자 비용이라고 생각하면 어떨까요?

아이가 서점 나들이를 즐겁게 기억할 수 있도록 부모와의 특별한 데이트 코스로 정해두어도 좋습니다. 단지 서점에 가서 책만 골라오는 것이 아니라 나간 김에 다른 문화생활을 한다거나 아이가 가고 싶어 하는 음식점에 가서 외식을 할 수도 있지요.

분위기 좋은 카페에 앉아 방금 산 책을 읽는 것도 색다른 기억으로 남을 것입니다. 이럴 때 부모는 스마트폰을 보면서 아이에게는 책을 읽으라고 하면 안 됩니다. 부모도 함께 책을 읽어야 합니다. 집에서 책을 챙겨오거나 서점에서 아이와 함께 책을 구입하면 되겠지요.

이렇게 구입한 책에는 표지 안쪽 여백에 날짜와 구입 장소를 적게 하면 좋습니다. 언제 누구와 가서 샀는지 등도 적으면 나중에 책을 펼칠 때마다 그때의 즐거운 기억이 함께 떠오를 것입니다.

'내 책장'을 꾸미게 해주세요

책이 어느 정도 모이면 아이에게 나름대로 책장을 정리해 보라고 합니다. 아이는 자기 나름의 기준으로 책을 정리할 것입니다. 자기가 좋아하는 책을 한곳에 모아놓을 수도 있고 분야별로 정리할 수도 있습니다. 읽은 책, 읽고 싶은 책으로 나누어놓을 수도 있지요.

아이가 책장을 정리하느라 이미 줄 맞추어 꽂아놓은 책을 빼내면 거슬릴 테지만 눈 딱 감고 아이의 의사를 존중

해주어야 합니다. 아이는 그렇게 함으로써 지식을 분류하고 범주화하는 것을 내면화할 수 있습니다. 또한 자신의 취향도 확인하고 자신이 잘 모르는 새로운 분야에 대한 도전의식도 생겨나게 됩니다.

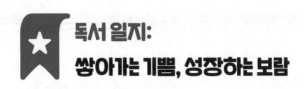

독서 일지:
쌓아가는 기쁨, 성장하는 보람

독서도 기록이 중요해!

어른이든 아이든 기록을 남겨놓지 않으면 나중에 내가 뭘 했는지 기억하기 어렵습니다. 독서를 할 때도 일지를 남겨 놓으면 여러모로 유용합니다. 그동안 어떤 책을 얼마나 읽었는지 기록하면 자신의 발자취가 일목요연하게 보여 뿌듯한 성취감을 느끼게 됩니다. 이런 기록은 앞으로의 독서 계획뿐만 아니라 학습 계획을 짤 때도 도움이 됩니다.

　가장 간단한 것은 날짜와 제목, 지은이 정도만 기록하는 것입니다. 아무 공책이나 괜찮습니다. 줄을 긋고 내용을 적기만 하면 됩니다. 아이가 시키지 않아도 알아서 하면 가장 좋겠지만 매번 부모가 체크하고 잔소리를 하게 되기 쉽습니다. 아이가 저학년이고 쓰는 것을 힘들어한다면 부모가 적어주어도 좋습니다. 목적은 기록을 남기는 것이지 쓰기 연습을 시키는 것이 아니니까요. 여러 번 되풀이해 읽은 책도 매번 계속 적습니다. 한 번을 읽든 열 번을 읽든 빼놓지 않고 말이지요.

독서 일지를 쓰면 아이는 시간이 지남에 따라 자기가 읽은 책이 점점 쌓이는 것을 직접 확인하게 됩니다. 양이 많아질수록 성취감이 느껴지지요. 적절한 보상은 도전 의식을 고취해줍니다. 몇 권을 읽으면 작은 선물을 주고, 그런 목표 달성이 몇 번 이루어지면 큰 소원을 들어주는 식으로 말이지요.

하지만 양에 따라 보상을 하는 이런 방식을 사용할 때는 주의를 기울여야 합니다. 빨리 보상을 받으려고 일부러 금방 읽을 수 있는 쉬운 책만 고를 수도 있거든요. 부모는 아이가 어떤 책을 읽는지 주의 깊게 보아야 합니다.

독서 일지, 어떻게 만들까?

막대그래프형 독서 일지는 만들기 쉽고 직관적입니다. 학교에서도 많이 사용하는 방법이라 아이들에게도 친숙하지요. 가로축에는 문학, 고전, 과학, 역사, 수학, 만화 등의 영역을 적고 세로축에는 권수를 적습니다. 각 영역의 책을 읽을 때마다 그래프를 그려 넣으면 어떤 영역을 얼마나 읽었는지 한눈에 들어오지요. 만약 한쪽에 치우친다 싶으면 부족한 영역의 책을 읽었을 때 보상해주는 식으로 균형 잡힌 독서를 유도할 수 있습니다.

때로는 목표를 갖고 많은 책을 단기간에 읽어야 할 경우도 있습니다. 예를 들어 독서 골든 벨에 참가한다고 하면 정해진 책을 되풀이해 여러 번 읽어야 합니다. 그럴 때는 다음과 같은 표를 만들어줍니다. 책 제목을 적고 전체 분량의 4분의 1정도마다 페이지를 나누어줍니다. 한번에 4분의 1을 다 읽을 필요는 없습니다. 아이가 읽은 만큼 표시하면 앞으로 얼마나 더 읽어야 하는지 한눈에 알 수 있지요.

이런 방법으로 독서뿐만 아니라 아이가 그날그날 해야 하는 일들을 스스로 점검하게 할 수 있습니다. 아이에게

어린 왕자		35			70		105			141
1회										
2회										
3회										

이순신 이야기		44			88		132			175
1회										
2회										
3회										

탄소 발자국		35			69		102			137
1회										
2회										
3회										

탈무드		90			180		270			359
1회										
2회										
3회										

굿 바이, 6학년		49			97		150			195
1회										
2회										
3회										

는 매일 해야 하는 숙제나 의무 사항이 몇 가지씩은 있습니다. 공책에 필요한 만큼 세로줄을 긋고 가로줄 맨 위 칸에 그 항목들을 적어 넣습니다. 예를 들면 독서, 일기, 숙제, 수학 문제집 풀기, 영어 단어 공부 등이 될 수 있겠지요. 왼쪽 세로줄에는 날짜를 적어 넣습니다. 매일매일 완수한 항목에 동그라미를 치면 쉽게 성취를 확인할 수 있지요. 해야 할 일을 하나도 빠짐없이 완수한 날은 날짜 옆에 스티커를 붙여줍니다.

저는 일주일에 스티커 5개 붙이는 것을 목표로 했고, 스티커를 5개 붙인 주에는 큰 스티커 1개를 붙여주었습니다. 큰 스티커 4개가 모이면 아이가 원하는 선물을 보상으로 주었지요. 아이가 드론 같은 고가의 물건을 원할 때는 몇 달간 스티커를 모아야 했습니다.

선물을 받으려고 책을 읽는 게 옳을까?

아이에게 이런 식으로 보상을 주는 것에 대해서는 여러 이견이 있습니다. 하지만 아이들은 어른과 달리 목표 의식이 뚜렷하지 않고 왜 이 일을 해야 하는지에 대한 동기도 약합니다.

아이들에게는 당연한 일이니까 해야 한다는 말이 크게 와닿지 않습니다. 그때그때 소소한 재미와 성취감을 느끼게 해 앞으로 나아갈 수 있게 도와주어야 합니다. 공정한 절차를 따랐고 아이가 선택한 것이라면 보상은 충분한 효과를 발휘합니다.

기억해야 할 것은 약속한 보상은 꼭 이루어져야 한다는 것입니다. 목표를 이루려고 열심히 노력했는데 부모의 말이 바뀌면 아이는 인정받지 못한다는 느낌을 받습니다. 다음번 목표를 향해 노력할 마음도 사라져버립니다. 보상과 칭찬은 미루지 말고 바로바로 해주어야 합니다.

성취감을 느껴야 한다

이와 유사한 방법으로는 해야 할 일을 표로 만들어 달성한 항목에 빨간 줄을 긋는 것이 있습니다. 다만 손으로 일일이 그리기 어려우니 엑셀이나 워드 같은 프로그램을 이용해 출력해주는 것이 좋습니다.

그날그날 해야 할 일을 날짜별로 입력한 뒤, 그 일을

끝낼 때마다 해당 항목에 빨간 줄을 긋는 것이지요. 한 일과 해야 할 일이 선명하게 눈에 보이고 빨간 줄을 그을 때의 쾌감이 상당합니다. '이걸 해치웠다!'라는 확실한 느낌이 듭니다. 제 아이는 이 방법을 좋아했지만 매번 신경 써 출력해주어야 해서 오래 지속하지는 못했답니다. 하지만 동그라미를 치고 스티커를 붙이는 방법은 필요할 때마다 항목을 추가하거나 줄여가며 지금도 사용하고 있습니다.

개인적인 보상이 아닌 다른 방법도 있습니다. 아이가 목표를 달성할 때마다 피자나 치킨을 시키거나 맛있는 것을 해 먹는 것이지요. 영화를 보러 가거나 외식을 해도 좋습니다. 이때 아이에게 네가 목표를 달성한 덕에 가족 모두 맛있는 것을 먹는다고 고마움을 표현해주어야 합니다. 형제가 있다면 감사를 받는 모습에 은근히 자극을 받기도 하겠지요.

사실 이런 지출은 아이가 무엇을 하지 않아도 어차피 가끔 발생하는 것입니다. 이렇게 일상생활 속에서 우리 가족에 맞는 적절한 방법을 센스 있게 고민해보세요.

장기 프로젝트에 활용하는 법

이런 방식으로 단기 목표뿐 아니라 장기 목표도 달성하게
할 수 있습니다. 예전에는 책거리라고 서당에서 책 한 권을
다 떼면 음식을 차려 스승과 동학에게 대접하곤 했습니다.
책거리처럼 아이가 목표를 달성하면 여러 사람을 모아 파
티를 열어주는 것이지요. 아이에게는 까마득하게 여겨지기
도 하지만 파티의 의미나 부모의 부담을 생각하면 1년 정
도를 잡고 계획을 세우는 게 좋습니다.

장기 목표를 달성하면 아이가 으쓱할 수 있게 조부모
와 친척들을 초대합니다. 방문할 때 축하 케이크를 사와 달
라고 부탁하는 것도 잊지 않습니다. 할아버지·할머니가 아
이의 성취를 진심으로 기특해하고 자랑스러워하는 것을 아
이도 느낄 수 있습니다.

초대하는 친척에는 자주 만나고 가까이 지내는 사촌
이 포함되면 더 좋습니다. 많이 모일수록 떠들썩하게 축하
해주고 격려하고 부러워하는 분위기가 자연스럽게 형성됩
니다. 아이는 쑥스럽기도 하지만 자신이 이룬 것에 대해 자
랑스럽고 뿌듯한 감정을 느낍니다.

저는 아이가 『Multiple Reading Skills』라는 영어 문제집 시리즈를 모두 풀었을 때 이런 파티를 열어주었습니다. 아이가 마지막 단계를 풀었을 때 케이크 상자 대신 그동안 푼 문제집 10권을 쌓아놓고 그 위에 케이크를 올려 축하해주었습니다.

이렇게 다 함께 축하해주는 이벤트는 굳이 학업이나 독서에만 국한할 필요 없습니다. 저는 아이가 합기도 승단을 할 때마다 파티를 열어주었습니다.

친구들과 즐기는 파티

조부모나 친척이 파티에 오기 어렵다면 아이의 친구들이나 가까이 지내는 가족을 초대하는 방법도 있습니다. 아이 친구들을 초대할 때는 참석해준 친구들에게 책을 선물하거나 책을 매개로 게임을 하면 좋습니다.

누구나 다 알고 있는 전래 동화나 세계 명작을 소재로 간단한 퀴즈 게임을 해도 재미있습니다. 거실 양쪽에 ○와 ×를 붙이고 ○× 게임을 해도 아이들은 즐거워합니다. 특별한 프로그램이 있는 파티는 더 재미있는 기억으로 남지요. 아이들만 초대한다면 간단한 과자와 음료수 정도만 준비해도 되니 부모의 부담도 덜할 것입니다.

독서 일지를 채우는 것은 단지 기록을 하고 보상의 근거를 마련하기 위해서가 아닙니다. 일지를 작성하면 매일 매일의 일정을 아이도 스스로 확인하고 관리할 수 있지요. 적어도 아이가 자기가 오늘 해야 할 일을 얼마나 했는지 혹은 안 했는지 한눈에 알 수 있습니다. 지금까지 작성한 일지를 살펴보면 부족한 점은 보충하고 앞으로의 계획을 세우는 데도 도움이 됩니다.

책 읽고 게임하기

아이와 즐길 수 있는 다양한 독후 활동

책의 내용이 아이의 마음에 깊게, 그리고 오랫동안 남기를 원한다면 다양한 독후 활동을 해보세요. 이때 중요한 것은 주객이 전도되면 안 된다는 것입니다. 독후 활동은 책을 더 잘 이해하려고 하는 것인데, 너무 여기에만 매진하면 독서를 부수적인 단계로 여기기 쉽습니다. 독서를 번거롭게 여길 수도 있지요. 읽고 나서 마음속에 조용히 삭혀둘 시간이 필요한 책도 많습니다.

최고의 독후 활동은 토론과 글쓰기지만 이것들은 뒤

에 따로 설명하겠습니다. 여기서는 재미있게 할 수 있는 활동들을 소개합니다.

▌책에 나온 단어로 빙고 게임

책을 읽으면서 모르는 단어가 나올 때마다 포스트잇에 적어보게 합니다. 포스트잇은 그 단어가 나온 페이지에 붙여둡니다. 자기 책이면 연필로 동그라미를 그려도 좋습니다. 책을 다 읽은 후 다시 넘겨보며 모르는 단어들을 빙고 칸에 적습니다. 포스트잇을 해당 페이지에 붙여두는 것은 훑어볼 때 맥락 안에서 다시금 단어를 살펴보고 이해하기 위해서입니다.

만약 친구들끼리 게임을 한다면 중복되는 단어와 그렇지 않은 단어가 섞이겠지요. 부모와 아이가 게임을 한다면 부모는 아이가 적어놓은 단어를 사용합니다.

▌책 표지로 만드는 직소 퍼즐

표지를 감싼 겉장이 있으면 겉장을 벗겨내고 뒤에 두꺼운 도화지를 붙입니다. 아이가 원하는 대로 다양한 모양을 그리고 오려냅니다. 집에 코팅기가 있으면 코팅해서 오리는 것이 더 편합니다. 겉장을 훼손하는 것이 마음에 들지 않으면 복사해서 만들면 됩니다.

▣ 그림자 인형극

책을 읽고 난 후 등장인물들을 종이에 그려 오려냅니다. 그리기 어려우면 그림 위에 종이를 대고 형태를 따라 그려낸 후 오리면 됩니다. 등장인물 인형 뒤에 아이스크림 막대를 붙이면 더 편리합니다. 빈 박스의 바닥을 잘라내고 하얀 종이를 붙입니다. 박스를 테이블 위에 무대처럼 올려놓고 뒤에서 손전등이나 휴대전화 손전등 기능으로 비춥니다. 집 안의 불을 끈 후 박스 뒤에서 인형을 움직이며 연기합니다. 인형과 불빛의 거리에 따라 인물의 크기가 변하는 것을 이용하면 더욱 멋지게 공연할 수 있습니다.

▣ 책 나무 만들기

나뭇잎 모양 종이를 여러 개 만들어 책 제목과 마음에 드는 문구를 적습니다. 갈색 박스를 펼쳐서 나무 모양으로 오려냅니다. 큰 박스가 없으면 작은 박스 여러 개를 이어서 만들 수 있습니다. 벽에 나무를 붙이고 가지에 나뭇잎을 붙입니다. 유리용 펜으로 유리에 나무를 그릴 수도 있습니다. 나뭇잎 대신 잎사귀 모양 포스트잇을 사용해도 다채롭습니다. 점점 풍성해지는 나뭇가지를 보며 아이들은 더 열심히 책을 읽을 것입니다.

■ 베갯머리 이야기

이야기 한 편을 읽어서 잘 기억해둡니다. 자기 전에 누워서 옛날이야기 하듯 말해줍니다. 이야기하는 사람은 아이가 될 수도, 부모가 될 수도 있습니다. 아이에게 이야 기해보라고 독촉하지 말고 부모가 먼저 밤마다 이야기를 해주세요. 읽은 것을 자기 언어로 다시 표현하는 데는 기술 이 필요합니다. 베갯머리 이야기를 많이 들어온 아이라면 처음에는 미숙해도 금방 실력이 늘어납니다.

책 내용에 따른 그 밖의 다양한 활동들

책 내용에 따라 그와 관련된 다양한 활동을 할 수 있습니다. 우크라이나 민화인 『장갑』을 보면 조그만 장갑 안에 동물들이 끝없이 들어가지요. 장갑 대신 바닥에 이불을 깔고 몇 명이나 들어가는지 세어보는 것도 재미있습니다.

에드 영Ed Young의 『일곱 마리 눈 먼 생쥐』를 읽었다면 상자 안에 물건을 넣고 눈을 감은 채 만지며 맞추는 놀이를 해보세요.

권윤덕의 『엄마, 난 이 옷이 좋아요』나 수지 모건스턴 Susie Morgenstern의 『엉뚱이 소피의 못 말리는 패션』 같은 옷에 관한 책을 읽었다면 집 안에 있는 옷을 다 꺼내놓고 패션쇼를 합니다. 모델처럼 뽐을 내며 마음껏 워킹도 해봅니다. 차마 밖에서는 할 수 없는 독특한 시도로 폭소가 터지기도 할 것입니다.

전통문화를 소재로 한 솔거나라 시리즈 중 하나인 『떡잔치』에는 세시 풍속에 맞춘 다양한 떡이 소개되어 있습니다. 그중 진달래 화전은 비교적 간단하게 만들 수 있는 떡입니다. 봄날 아이와 함께 산책을 나가 지천에 흐드러지게 피어 있는 진달래를 따와서 화전을 부쳐보세요. 예쁘고 맛도 좋은 화전을 다 함께 부쳐 먹는 재미가 각별합니다.

눈이 내리면 보통 눈싸움을 하거나, 눈사람을 만들거나, 눈썰매를 타지요. 에즈라 잭 키츠Ezra Jack Keats의 『눈 오는 날』을 읽고 주인공 피터를 따라 밖으로 나가보세요. 수

북이 쌓인 눈 위에 누워 팔을 파닥이며 눈천사를 만들어봅시다.

김희숙의 『엄마는 파업 중』이나 앤서니 브라운Anthony Browne의 『돼지책』은 가사 노동에 시달리는 엄마에 관한 이야기입니다. 이런 책을 읽은 후 가족회의를 하고 집안일을 분담하면 좋겠지요. 아이들이 집안일을 분담할 때가 되었다면 이런 책으로 계기를 삼고 대화의 장을 마련할 수 있습니다.

앙트아네트 포티스Antoinette Portis의 『이건 상자가 아니야』와 『이건 막대가 아니야』는 아이의 기발한 창의력을 보여줍니다. 아기 토끼는 상자 안에 앉아서 이건 상자가 아니고 경주용 자동차라고, 로봇이라고, 곤돌라라고 계속 말을 바꾸지요. 아기 돼지는 자신이 들고 있는 것이 막대가 아닌 낚싯대, 역기, 붓이라고 주장합니다. 아기 토끼처럼 상자에 들어가 적절한 대답을 바꾸어가며 하거나 아기 돼지처럼 막대기를 들고 행동으로 표현하는 게임을 하면 아이들이 무척 즐거워합니다. 가족이 빙 둘러앉아 정해진 시간에 빨리 대답을 하지 못하면 탈락하는 식으로 해도 좋습니다.

이 외에도 책을 읽다가 재미있어 보이는 소재가 나오

면 아이와 함께 시도해보세요. 반응이 시큰둥하면 다음번에는 다른 방법으로 해보면 됩니다. 모든 책에 걸맞은 적절한 활동을 찾아야 하는 것은 아닙니다. 아이가 책을 더 잘이해하고, 조금이나마 생각을 더 해볼 기회라고 생각하면부담감이 덜어질 것입니다.

책을 '편식'해도 되나요?

같은 책만 보는 건 문제가 아니에요

아이가 맨날 같은 책만 보면 부모는 속이 상합니다. 좋은 책이 저렇게 많은데 왜 하나만, 혹은 한 시리즈만 보는지 답답하고 돈이 아까운 생각도 듭니다. 하지만 어릴 때는 자기가 좋아하는 책, 관심 있는 대상에 집중하는 것이 자연스럽습니다. 자라면서 지식이 많아지면 그에 따라 점점 관심의 폭도 넓어지니 크게 걱정하지 않아도 됩니다.

같은 책을 반복해서 읽는 것은 책을 내 것으로 만드는 가장 좋은 독서 방법입니다. 어른도 같은 책을 거듭 읽을 때마다 새로운 것을 발견하곤 하지요.

저는 앙투안 드 생텍쥐페리Antoine de Saint-Exupéry의 『어린 왕자』를 어린이에게 권하지 않습니다. 어린이를 위한 책이 아닌데 언제부터인가 동화로 둔갑되어버렸기 때문이지요. 하지만 많은 이가 사랑하는 책이고, 어린이들에게도 종종 추천 도서로 제시됩니다. 저희 작은아이도 학교 행사 때문에 『어린 왕자』를 읽게 되었습니다. 두 번째 읽을 때까지는 별다른 반응이 없더니, 세 번째 읽을 때 "이거 정말 무슨 말인지 모르겠어요! 그전에 읽었던 거랑 너무 달라요. 같은 책 같지가 않아요!"라고 호소했습니다.

저는 그 말을 듣고 정말 기뻤습니다. 그전까지는 그냥 별 생각 없이 읽었다면 세 번째 읽을 때 깊은 뜻이 눈에 들어오면서 이해하기 어렵다는 것을 느낀 것이지요. 그전에는 모른다는 것조차 몰랐다면 이제는 모른다는 것을 깨달은 것입니다. 아이가 그만큼 성장했다는 뜻이지요. 이것이 바로 반복 독서의 힘입니다.

같은 책 다르게 읽기

아이가 한 가지 책만 읽더라도 의식하고 적극적으로 읽도록 도와주어야 합니다. 표지 안쪽에 책을 읽을 때마다 표시하게 하는 것도 방법이지요. 반복해서 읽다보면 한 권만 읽더라도 그 책의 내용에 자신감이 붙게 됩니다.

책에서 재미있는 부분이나 인상 깊은 부분에 밑줄을 쳐보게 합니다. 그리고 그 장면에 대해 이야기해달라고 부탁합니다. 이때 아이에게 학습 내용을 테스트하듯 물어보지 말고 호기심에서 물어보아야 합니다. 또 아이가 설명하면 열심히 맞장구쳐주어야 하고요. 인상 깊은 부분에 대해 그림으로 그려보라고 하는 것도 방법입니다. 아이의 머릿속에 있는 것을 시각화할 기회가 됩니다.

관심 범위 넓혀가기

같은 주제의 책을 소개해주는 것도 좋습니다. 예를 들어 아이가 비행기에 대한 책에 심취해 있다면 비행기를 다룬 다른 책을 찾아서 권해줍니다. 같은 책이 아닌 다음에야 내용이 똑같지 않아서 아이는 새로운 사실을 알게 됩니다. 그런 식으로 비행기에 관한 책을 섭렵하다보면 어느새 비행기 박사가 됩니다. 비행기 분야에 대한 깊이가 생긴다는 의미입니다. 비행기를 하나의 기계로 뭉뚱그려 보지 않고 엔진, 날개, 프로펠러 등 각 부분과 구조를 이해하게 됩니다. 라이트 형제뿐만 아니라 최초로 글라이더 비행을 한 오토 릴리엔탈Otto Lilienthal이나 열기구 비행에 성공한 몽골피에 형제Frères Montgolfier도 알 가능성이 높습니다. 비행기가 날 수 있게 해주는 연료에 대한 지식도 쌓게 됩니다. 비행기의 발전된 모습인 로켓에 대해서도 호기심이 커집니다.

이런 아이는 하늘을 날고자 했던 옛사람들에 대해서도 관심을 보이게 됩니다. 이카로스와 다이달로스, 다빈치의 비행기 설계, 우리나라의 비차飛車 이야기도 흥미롭게 들을 수 있지요. 이카로스 이야기에 관심을 보인다면 관련된 조각과 회화 작품까지 소개해줄 수 있습니다. 이렇게 고전부터 인물, 역사, 공학, 예술 등에 이르기까지 아이가 접하는 세계는 무궁무진하게 넓어집니다.

흥미 있는 것에 몰두하게 해주세요

아이들은 호기심이 왕성해 관심이 가는 분야에 곧잘 몰두합니다. 부모는 그저 아이가 읽는 책과 아이가 하는 질문에 관심을 기울이면 됩니다. 아이와 함께 자료를 검색하고, 궁금한 것이 있으면 찾아보는 모습을 보여줍니다. 궁금한 것을 찾아보고 공부하는 태도는 아이에게 좋은 영향을 미칩니다. 평생을 가져갈 귀중한 삶의 자세이지요. 이는 아이가 인생을 살아가고 개척하는 데 큰 힘이 됩니다.

호기심은 아무것도 모르는 백지 상태가 아니라 무언가 알고 있을 때 생겨납니다. 아이가 깊게 알 수 있도록 도와주세요. 호기심을 갖고 생각하고, 생각을 확장하도록 도와주는 것이 부모의 몫입니다.

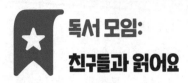

독서 모임:
친구들과 읽어요

1명이 10권보다 10명이 1권

아이의 성장에는 상호작용이 아주 중요합니다. 갓난아이는 보호자와의 관계를 통해 안정을 찾고 말을 배웁니다. 조금 더 크면 또래의 영향을 받기 시작합니다. 그렇게 관계를 형성하고, 말을 배우고, 사회적 행동을 하는 과정에서 사고력이 발달하지요. 다른 사람과 상호작용하다보면 혼자서는 할 수 없었던 것도 해낼 수 있게 됩니다.

　　친구들과의 독서 모임은 그래서 중요합니다. 논술 수업을 받는 것보다 책을 읽고 또래들과 마음껏 떠드는 것이 아이의 생각을 틔우는 데 효과적입니다.

선생님에게 논술 수업을 듣는 쪽이 배우는 게 더 많아 보일 수 있습니다. 하지만 독서 교육의 목적은 생각하는 힘을 길러주는 것입니다. 어른과 함께하는 독서 수업은 아이의 자유로운 생각을 끌어내는 데 한계가 있습니다. 아이에게 어른은 자신을 평가하는 권위 있는 존재입니다. 어른과 함께 있으면 자유롭게 생각을 펼치기보다는 이미 해석된 결과를 주입받기 쉽지요. 또한 사람은 말을 하면서 그 말을 자신의 귀로 듣고, 그러면서 다시 생각을 정리합니다. 자유롭게 말하는 만큼 생각의 폭도 넓어지지요.

그렇기에 부모나 선생님보다는 또래 친구들과 함께 책 이야기를 하는 것이 효과적입니다. 그 결과를 뒷받침하는 연구도 많이 있지요. 활동적이어서 가만히 앉아 수업을 듣는 것을 싫어하는 아이도 친구들과 함께라면 흥미를 보입니다.

1명이 10권의 책을 읽는 것보다 10명이 1권의 책을 읽고 토론하는 것이 낫다는 말이 있습니다. 책을 읽었다고 하지만 누구나 정확히 기억하지 못하는 부분이 있고, 글자만 읽었을 뿐 별다른 생각이 없는 경우도 있습니다.

이럴 때 함께 이야기를 나누면 잘못 이해한 부분도 파악하고 새로운 의견도 받아들일 수 있습니다. 친구들과 이야기하면서 자신의 주장을 정리하고 다른 사람의 의견을 받아들여 생각을 넓혀나가기도 합니다.

학원보다 효과적인 독서 모임

학원을 보내기보다는 친구들과의 독서 모임을 마련해보세요. 이때 중요한 것은 부모가 독서 모임의 중요성을 알고 적극적으로 지원해야 한다는 것입니다. 독서 모임이 조직되더라도 각 가정에서 지원하지 않으면 흐지부지 끝나기 쉽습니다. 각 가정에서 아이가 평소에 책을 읽도록 신경 써야 하고, 독서 모임에 빠지지 않도록 일정도 조정해주어야 합니다.

모임이 만들어졌으면 첫 책은 부담 없는 쉽고 재미있는 책으로 선정합니다. 처음에는 어른이 대화를 이끌어주어야 합니다. 아이들은 어색하고 무슨 말을 해야 할지 몰라 힘들어 할 수 있습니다. 모임을 이끄는 어른은 책을 읽고 아이들에게 던질 질문을 준비합니다. 아래 질문은 초반에 이야기를 끌어내기 쉬운 질문들입니다.

- ✿ 책에서 가장 인상 깊었던 구절은 뭐니?
- ✿ 등장인물 중 누가 제일 마음에 드니?
- ✿ 등장인물이 겪었던 것과 비슷한 경험이 있었니?
- ✿ 이때 등장인물의 마음은 어땠을까?
- ✿ 이 상황에서 나라면 어떻게 했을까?
- ✿ 이 문제를 어떻게 해결하면 좋을까?
- ✿ 뒷이야기는 어떻게 될까?

아이들은 자신의 경험에서 이야기를 시작하면 어렵지 않게 말을 이어나갑니다. 한번 입이 트이면 그다음 질문들은 어렵지 않게 대하게 되지요. 아이들의 의견을 묻고, 해결 방안도 묻습니다.

중요한 것은 어른의 생각을 내놓지 않는 것입니다. 아이들은 어른의 생각이 맞는다고 생각해서 자신의 의견과 달라도 어른에게 동조하곤 합니다. 어른은 모임 내에서 아이들이 고루 말할 수 있도록 대화의 흐름을 유도하는 역할을 해야 합니다.

독서 모임 진행 실전 팁

규칙을 정해놓고 게임처럼 말하는 방법도 있습니다. 우리는 평소에 이야기할 때 "그래?", "그런데"라는 말을 많이 합니다. 독서 모임에서는 누군가 이야기하면 "맞아"라고 이야기하게 하는 것입니다. 그다음에 "그리고"를 덧붙이며 자신의 말을 이어가는 것이지요. 항상 이럴 수는 없지만, 야자타임처럼 시간을 정해놓고 "지금부터는 맞아 타임이야"라고 시작하면 적당한 긴장감도 있으면서 즐겁게 대화를 해나갈 수 있습니다.

찬반으로 나누어 토론하는 것은 독서 모임이 익숙해진 다음에 하는 것이 좋습니다. 어린아이들이다 보니 과열될 수도 있고 반대 의견을 공격으로 받아들여 상처받을 수도 있습니다. 독서 모임의 재미를 느끼기 전이라면 참가 자체를 싫어하게 될 수 있습니다. 어른은 아이들이 상처 입지 않도록 신경을 써야 합니다. 반대 의견에 마음이 상하더라도 아이 자신이 아닌 의견에 대한 반대라는 것을 분명히 알려주어야 합니다.

아이들이 독서 모임이 익숙해지면 각자 책을 읽으면

서 질문거리를 준비하도록 합니다. 만약 아이들이 어려워하면 인물에 대한 질문을 만들어보라고 힌트를 줍니다. 공감하는 인물과 그렇지 않은 인물에 대해 이야기 나눌 수 있고, 그 인물의 선택이나 행동에 대해 나라면 어떻게 했을지도 말할 수 있지요.

독서 모임이 어느 정도 자리가 잡히면 아이들끼리 진행하도록 합니다. 아이들이 돌아가면서 진행자가 되도록 순서를 정해줍니다. 모임이 그동안 잘 유지되었다면 아이도 책임감을 갖고 적절한 때 질문을 던지며 의견을 조율해 나갈 것입니다.

3장

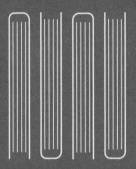

성적을 올려주는
독서

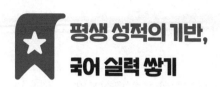

평생 성적의 기반, 국어 실력 쌓기

어휘력은 모든 공부의 기본

국어뿐 아니라 모든 과목의 기본은 언어 실력입니다. 어느 과목이든 공부의 기본을 쌓으려면 책을 읽어야 합니다. 국어 실력을 단기간에 키우려면 어휘력이 뒷받침되어야 합니다. 즉, 아는 단어를 늘리는 것이 중요합니다.

어릴수록 어휘력이 지식의 습득이나 이해도를 좌우합니다. 어린아이들은 모르는 것이 있으면 쉽게 물어봅니다. 책에 낯선 단어가 있어도 마찬가지입니다. 하지만 뜻을 알려주어도 그때뿐, 바로 잊어버리기 일쑤입니다. 자신이 깊이 생각하지 않고 남이 손쉽게 알려준 것은 머릿속에 오래 남지 않으니까요.

아이가 책을 읽다가 단어의 뜻을 물어보면 그 문장을 큰 소리로 읽어보게 하세요. 문맥 안에서 뜻을 유추할 수 있는 경우가 많은데, 사실 많은 경우 아이는 이미 뜻을 짐 작하고 있습니다. 질문을 던져 자신의 생각이 맞는지 확인 받고 싶은 것이지요.

문장을 소리 내어 읽은 후 어떤 뜻인 것 같은지 이야 기해보게 하세요. 짐작도 못할 정도로 어려운 단어라면 부 모가 알려주어야 하지만 그렇지 않다면 아이가 비슷하게 맞힐 수 있을 것입니다. 아이가 비슷하게라도 단어의 뜻을 맞히면 아낌없이 칭찬해주세요. 그러면 자신감이 생깁니 다. 하지만 자존심이 강해서 틀리는 것을 보이기 싫어하는 아이라면 대답을 억지로 강요하지 마세요. 혼난 경험이 많 은 아이라면 틀렸을 때 혼날까봐 마음대로 이야기하지 못 할 수도 있습니다. 그럴 경우 부모와 함께 사전을 찾아보는 습관을 들이는 것도 좋습니다. 아이의 특성에 따라 부모가 보조를 맞추어야 합니다.

하지만 매번 뜻을 찾으라고 요구한다면 아이가 집중

해서 책을 읽고 있을 경우 흐름이 끊길 수도 있습니다. 이 단어만 알면 이어서 읽을 수 있는데 매번 부모가 낭독과 뜻풀이를 강요하거나 사전을 찾으라고 하면 아이는 짜증을 낼 수 있습니다. 귀찮아서 모르는 것도 아는 척 그냥 넘어가버리기도 하지요. 아이의 질문에 질문으로 반응하는 것은 그때그때 상황을 보아가며 해야 합니다.

유쾌한 상황극 만들어보기

단어를 직접 설명하는 대신 짧은 문장이나 상황극으로 뜻을 짐작할 수 있게 하는 것도 효과적입니다. 예를 들어 아이가 '사죄'라는 단어의 뜻을 물어보았다고 합시다. "네 이놈, 네가 감히 사죄라는 뜻을 몰라? 이리 와서 당장 사죄하렷다!"라고 짧은 상황극을 보여줄 수 있습니다. "사죄는 용서를 구한다는 뜻이야"라고 대답하는 것보다 재미있고 직관적으로 이해되기 때문에 기억에도 잘 남습니다.

한국어에는 한자어가 많기 때문에 한자를 배우는 것이 많은 도움이 됩니다. 하지만 한자를 모르더라도 조금만 도와주면 아이가 단어의 뜻을 쉽게 유추할 수 있습니다. 예를 들어 아이가 '모유母乳'의 뜻을 물었다고 하면, 부모는 '우유', '유제품', '유산균' 같은 단어를 읊어줍니다. '모'가 어머니를 뜻한다는 것을 알고 있다면 금방 뜻을 이해할 수 있지요. 만약 '모'가 무슨 뜻인지 모른다면 '부모', '모성애', '모녀' 같은 단어를 제시해 각 한자의 뜻을 머릿속에서 조합하게 할 수 있습니다.

아이가 '입법立法'이라는 단어를 물었다고 합시다. 그러면 부모는 아이가 이미 알고 있는 '독립獨立'이라는 단어를 풀어 '홀로 독'과 '설 립'이 모여 '혼자서 설 수 있다'는 뜻이 되었다고 알려줍니다. "그러면 입법은 법을 어떻게 한다는 뜻일까?"라고 물어보면 아이는 곧 뜻을 유추해낼 것입니다.

한번은 작은아이가 제 얼굴 가까이에 발을 쑥 내밀며 "악수!"라고 장난을 쳤습니다. 저는 발을 살짝 꼬집으며 "악족!"이라고 말해주었지요. 아이는 곧 "아, 악수에서 수가 손이라는 뜻이었구나"라고 깨닫더군요.

평소 속담과 사자성어 사용하기

평소에 속담이나 사자성어를 넣어 대화하는 것도 아이의 어휘를 풍부하게 하고 언어 감각을 일깨워줍니다. 아이가 방 청소를 해달라고 하면 "하늘은 스스로 돕는 자를 돕는 거야. 네가 조금이라도 해야 엄마가 도와줄 마음이 생기지"라고 하거나, 아이가 설거지를 했을 때 "아이고, 엄마가 피곤했는데 백골난망이로소이다"라는 식으로 장난을 치는 것이지요. 아이가 무슨 말이냐고 물어보았을 때 뜻을 설명해주면 됩니다.

하지만 그동안 쓰지 않던 속담이나 사자성어를 갑자기 쓰려고 하면 쉽게 입에서 나오지 않지요. 속담 사전이나 사자성어 사전을 곁에 두고 평소에 자주 일어나는 상황을 머릿속에 그려보며 연습하면 한결 쉬워집니다.

끝말잇기 놀이와 두음법칙

심심풀이로 하는 끝말잇기도 어휘력 향상에 도움이 됩니다. 딱히 할 일이 없거나 차를 타고 외출할 때 끝말잇기를 해보세요. 하다보면 비슷한 부분에서 막히곤 합니다. 'ㄹ'로 끝나는 단어가 특히 그렇지요. 한국어에는 '리'나 '래', '니'로 끝나는 단어는 많지만 이들로 시작하는 단어는 찾기 어렵습니다. 아이가 승부욕을 불태우면 국어사전에서 같이 단어를 찾아봅니다. 국어사전에는 외래어도 많이 수록되어 있어 낯선 단어들을 다양하게 습득할 수 있습니다.

이때는 두음법칙을 설명해줄 좋은 기회입니다. '로인'이 '노인'이 되고, '리발'이 '이발'이 되고, '락원'이 '낙원'이 된다는 것, '녀자'가 '여자'가 된다는 것을 알려줍니다. 두음법칙의 규칙을 일일이 가르쳐줄 필요는 없습니다. 간단한 예를 들어 그런 규칙이 있다는 것만 알려주어도 도움이 됩니다. 삼국시대의 역사를 배운 아이라면 신라와 당나라의 연합군이 왜 '라당연합군'이 아닌 '나당연합군'인지, 고구려와 백제가 맺은 동맹이 왜 '려제동맹'이 아닌 '여제동맹'인지 깨닫게 될 것입니다.

맞춤법 지도하기

맞춤법을 아는 것은 단어의 의미와 원리를 이해한다는 뜻입니다. 지금은 특별한 사람만 글을 쓰는 시대가 아닙니다. 누구나 인터넷에 글을 올리고 SNS로 소통하지요. 그만큼 잘못된 맞춤법에도 자주 노출됩니다.

아이와 함께 책을 읽으며 책에 나온 단어를 줄이거나 늘리는 식으로 맞춤법 감각을 익힐 수 있습니다. "철수가 책을 가지고 나왔다"라는 문장을 "철수가 책을 갖고 나왔다"로 바꾸어보게 합니다. 몇 번 연습하면 아이는 '가+지+고'에서 'ㅣ'가 떨어지고 'ㅈ'이 '가' 밑에 위치한다는 것을 알게 됩니다. '했다'는 '하여+쓰다'로 늘려보게 합니다. 아이가 왜 '하아+쓰다'가 아니냐고 물어보면 그건 예외적으로 불규칙하게 변한다고 알려줍니다.

아이가 글을 쓸 때도 같은 방법으로 도와줄 수 있습니다. 아이가 '볶음밥'을 '복음밥'이라고 썼다면 "밥을 '보까' 먹는 게 아니라 '보가' 먹는 모양이네?"라고 가볍게 말해줍니다. 자리를 '맏아줬다'라고 쓴다면 "자리를 '마틀'까, 아니면 '마들'까?"라고 묻는 식이지요. 이렇게 하다보면 아이는 자연스레 맞춤법의 원리를 이해하게 됩니다.

한국어는 받침이 그대로 소리가 나지 않는 예외 경우가 많습니다. 그래서 규칙을 외우게 하기보다는 단어가 나올 때마다 알려주는 것이 덜 혼란스럽습니다.

'되/돼'는 많은 사람이 헷갈려합니다. 아이가 틀리면 '돼'는 '되+어'라는 것을 알려줍니다. '안 되는데'를 "안 되어는데"라고 말해보게 합니다. 당연히 이상하게 들리지요. "안 돼요"는 "안 되어요"로 풀어보게 합니다. 요즘에는 '되어요'라는 표현을 잘 쓰지 않아 낯설어할 수도 있습니다. 그럴 때는 '하/해'를 대입해보게 합니다. '안 해요'는 자연스럽지만 '안 하요'는 이상하지요. '안 되는데'도 마찬가지로 '안 하는데/안 해는데'로 바꾸어보고 판단할 수 있습니다. '다음에 뵈요/봬요'는 어떨까요? '다음에 뵈+어요'로 바꾸어 쓸 수 있고, '다음에 하요'는 어색하니 '다음에 봬요'가 맞는다는 것을 알 수 있지요.

그런데 맞춤법을 지나치게 지적하면 아이가 글을 쓸 때 자신 없는 단어는 일부러 피하게 됩니다. "교회에서 예베(배)를 드렸다"라고 썼다가 아무래도 자신이 없어 "교회에서 목사님 말씀을 들었다"라고 바꾸는 것이지요. 아이가 진짜 쓰고 싶은 내용을 쓰게 하는 것이 우선입니다. 맞춤법 지도도 중요하지만 헷갈리는 부분은 나중에 찾아보고 확인할 수 있는 여유를 가져야 합니다.

낯선 단어 내 것으로 만드는 법

책의 내용을 엄마한테 들려달라고 하는 것도 국어 실력 향상에 도움이 됩니다. 번갈아 읽기 같은 낭독 경험이 있다면 어렵지 않게 해낼 것입니다. 아이가 자기가 읽은 내용을 기억 속에 되살려 자신의 언어로 다시 풀어낼 때 새로 배운 단어를 사용하기도 하고, 사건들을 조리 있게 정리하며 논리력을 키우기도 합니다. 책을 읽기만 할 때보다 이야기의 패턴을 쉽게 체득하게 됩니다. 이야기의 패턴을 예측할 수 있으면 다른 이야기도 더 쉽게 받아들이는 선순환이 이루어집니다.

중요한 것은 아이가 다양한 어휘를 다양한 상황에서 접할 수 있도록 도와주어야 한다는 것입니다. 언어가 확장된다는 것은 생각이 확장된다는 뜻입니다. 부모가 먼저 모르는 단어가 있으면 찾아보는 모습을 보여주어야 합니다. 그래야 아이도 자연스럽게 모르는 것을 찾아보고 새로운 것을 배우게 됩니다.

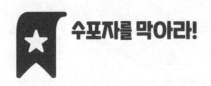

수포자를 막아라!

수학은 왜 이렇게 어려울까?

수학은 어른에게도 어려운데, 아이들한테는 얼마나 어려울까요? 수학은 눈에 보이지 않습니다. 물론 사과 몇 개와 삼각형은 눈에 보이고 구분할 수도 있습니다. 하지만 수학에서는 그 외에도 일상생활에서 직접 경험하지 못하는 아주 큰 수나 아주 작은 수, 다양한 도형, 자연 상태에서는 발견할 수 없는 분수나 소수 등을 다룹니다.

이는 수학이 추상적인 사고를 요구한다는 것을 의미합니다. 추상적인 것, 직접 경험하거나 지각할 수 없는 것을 도출해내려면 이성적이고 논리적인 사고가 필요합니다. 그래서 철학자들은 수학을 중시했습니다. 이마누엘 칸트 Immanuel Kant는 수학을 이성의 이론적 인식이라고 했고 데카르트는 학창 시절 특히 수학을 좋아했다고 합니다. 블레즈 파스칼Blaise Pascal은 몇백 년에 한 번 나올까 말까 한 수학 천재이기도 했습니다.

아직 추상적 사고가 발달하지 않은 아이들은 보이지도 않고 실제 경험해보지도 못한 것을 이해하기 힘들어합니다. 구체적 상황 없이 숫자, 기호, 용어, 공식만 강요하면 무슨 말인지 알아듣기 어렵지요.

문제를 풀 때도 원리와 개념에 대한 이해가 없으면 처음에는 가르쳐주는 대로 한다고 해도 돌아서면 잊어버리곤 합니다. 문제 풀이와 암기 위주로 수학을 공부하는 것이 위험한 이유입니다.

수학 동화 활용하기

아이가 경험하지 못하는 수학적 개념을 쌓는 데 도움을 주는 방법으로 수학 동화가 있습니다. 서점에 가보면 정말 다양한 수학 동화를 만날 수 있습니다. 이야기로 되어 있어 아이가 개념에 접근하기 쉽습니다. 하지만 유아 때부터 단계를 높여가며 수학 동화를 꾸준히 되풀이해 읽어주었다면 몰라도 아이 혼자 읽게 두면 그저 이야기를 읽는 것으로 끝나버리곤 합니다. 중학년 이상부터는 수학 동화를 읽은 후에 개념을 정리하는 시간을 가져야 합니다.

어떤 책이든 한 번 읽는 것보다 두 번 읽는 것이 좋고, 두 번 읽는 것보다 세 번 읽는 것이 좋지만 수학 동화는 특히 그렇습니다. 수학 동화를 효과적으로 읽으려면 평소와는 다른 독서법을 사용해야 하지요.

처음에는 보통의 동화를 읽듯이 이야기 위주로 재미있게 읽습니다. 두 번째는 이 이야기가 어떤 개념을 파악하기 위한 것인지 생각하며 읽습니다. 이때는 꼼꼼히 정독해야겠지요. 아이가 이해하기 어려워하면 부모가 옆에서 힌트를 주며 도와줍니다. 세 번째 읽을 때는 동화에서 설명하는 개념이 어떤 것인지 직접 설명해보게 합니다. 수학 동화는 이야기 안에 수학 개념을 섞어 넣은 것인데, 이야기에서 개념을 분리해내 스스로 설명할 수 있으면 성공입니다.

처음에는 당연히 쉽게 되지 않습니다. 어른도 처음에

는 버벅거리기 십상이니 실수한다고 주눅 들 필요는 없습니다. 부모는 아이가 낙담하지 않고 여러 번 거듭 읽고 자신의 입으로 설명하도록 격려해주어야 합니다.

수학의 목적은 문제를 빨리 푸는 것이 아닙니다. 단순한 연산으로 아이들의 수학 과정이 끝나면 상관없겠지요. 하지만 그렇지 않습니다. 수학은 왜 그렇게 계산해야 하는지, 어떻게 해야 이 문제를 해결할 수 있는지까지 설명해야 합니다. 개념을 모르고서는 목표에 도달할 수 없습니다.

수학도 문제를 이해하는 게 중요해

요즘은 추상적인 원리를 잘 아는 것만으로 좋은 점수를 받기 어려워지고 있습니다. 문제 자체의 뜻을 이해하는 것이 중요하기 때문입니다. 무엇을 묻는 문제인지 이해하지 못하면 당연히 대답할 수 없습니다. 다음 문제를 보세요.

무엇이든 넣을 수 있는 마법 주머니가 2개 있습니다.
빨강 주머니에 넣었다가 빼면 길이가 10배가 되고,
파랑 주머니에 넣었다가 빼면 길이가 넣기 전 길이의

10분의 1이 됩니다. 슬기는 9.5센티미터인 장난감 기차를 빨강 주머니에 2번, 파랑 주머니에 1번 넣었다가 뺐습니다. 지금 슬기의 장난감 기차는 몇 센티미터인가요?

긴 문장을 읽고 생각하는 것이 습관화되지 않은 아이는 이런 문제를 제대로 읽지 않고 포기해버립니다. 이번에는 다음 문제를 보세요.

$$9.5 \times 10 \times 10 \div 10 =$$

어떤가요? 위의 서술형 질문은 4학년 2학기 수학익힘책에 나오는 문제입니다. 아래는 같은 문제를 숫자와 기호로만 바꾼 것이고요.

아이가 서술형 질문을 혼란스러워하면 문제를 천천히 큰 소리로 읽어보라고 해주세요. 그리고 실제로 물어보는 진짜 질문, 핵심 질문을 찾아보라고 합니다. 이 문제에서는 '장난감 기차는 몇 센티미터'라는 부분이 되겠지요. 그 부분에 동그라미를 칩니다. 아이들은 단위도 많이 틀리기 때문에 단위도 확인합니다. 여기서는 '센티미터'가 되겠지요. 여기에는 세모 표시를 합니다. 그리고 문장 내에 중요한 정보가 포함된 부분도 확인합니다. 그 부분에는 밑줄을 칩니다. 위의 문제에는 이렇게 표시할 수 있습니다.

무엇이든 넣을 수 있는 마법 주머니가 2개 있습니다. 빨강 주머니에 넣었다가 빼면 길이가 10배가 되고, 파랑 주머니에 넣었다가 빼면 길이가 넣기 전 길이의 10분의 1이 됩니다. 슬기는 9.5센티미터인 장난감 기차를 빨강 주머니에 2번, 파랑 주머니에 1번 넣었다가 뺐습니다. 지금 슬기의 장난감 기차는 몇 센티미터인가요?

서술형 문제를 풀 때 소리 내어 천천히 읽으며 중요한 부분에 동그라미, 세모, 밑줄로 구분해 표시해나가면 질문의 요지를 파악할 수 있게 됩니다. 평소에 글을 많이 읽어보지 않은 아이라면 무엇이 중요한지 찾아내는 것도 어려울 수 있습니다. 처음에는 잘 되지 않더라도 꾸준히 연습하며 습관을 들여야 합니다.

계산만 잘 하는 것은 도움이 되지 않는다

이제는 학교에서도 계산만 잘 하는 학생은 원하지 않습니다. 4차 산업 시대가 요구하는 창의융합 능력을 키우는 것이 중요합니다. 그래서 요즘 교육과정은 스토리텔링 수학, 체험·놀이형 수학 등을 강조합니다. 하지만 현실적으로 학교 수업만으로는 아이들이 내용을 온전히 이해하고 자신의 것으로 받아들이기가 쉽지 않습니다. 중간에 이해 못한 부분이 생기면 후속 개념을 이해하기는 더 어려워지고 이런 경험이 반복되면 수학을 포기하게 됩니다. 그러기에 부모가 아이의 공부에 더 신경을 써야 합니다.

그렇다고 아이들이 어릴 때부터 지나치게 수학에만 매진하는 것은 바람직하지 않습니다. 패턴을 파악하고 기억력에 의존해서 문제를 푸는 것이지 정말로 이해하는 것은 아닐 수 있기 때문입니다. 어릴 때 수학을 잘 한다고 주목받은 아이가 커서는 실력을 유지하지 못하는 것이 바로 이 때문입니다. 수학 학원이나 학습지에 많은 시간을 쓰게 하기보다는 다양한 방법으로 생각하는 힘을 길러주세요.

아인슈타인과 함께 20세기 최고의 물리학자로 꼽히는

리처드 파인먼Richard Feynman은 수학 교과서 검토를 부탁받았을 때 한 가지 문제 해결 방법만 가르치는 교수법에 문제가 있다며 올바른 해결책에 이르는 방법을 최대한 많이 찾도록 지도해야 한다고 했습니다. 문제를 푸는 공식을 가르치는 것이 아니라, 학생들이 문제의 핵심을 파악하고 답을 찾아갈 다양한 여지를 남겨두어야 한다는 뜻이지요.

문제만 푸는 것은 계산기가 하면 됩니다. 아이에게 바라는 것이 성능 좋은 계산기가 되는 것은 아니겠지요. 다양한 대안 안에서 논리를 찾아가는 과정을 즐기게 해야 합니다.

사람의 논리는 언어를 바탕으로 합니다. 언어로 표현되지 않는 것은 생각할 수 없지요. 만약 어떤 현상이나 물체에 이름이 없다고 하더라도 언어로는 설명할 수 있습니다. 수학적 논리도 마찬가지입니다. 언어로 개념이 정립되지 않으면 추상적인 학문인 수학을 이해할 수 없고 해결할 수도 없습니다. 그러므로 수학을 잘 하기 위해서라도 꾸준히 책을 읽어야 합니다.

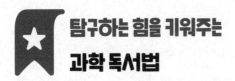

탐구하는 힘을 키워주는
과학 독서법

"왜"라고 묻는 아이가 과학을 잘 한다

표준국어대사전을 찾아보면 과학을 보편적인 진리나 법칙의 발견을 목적으로 한 체계적인 지식이라고 합니다. 사실 모든 학문은 과학이기에 인문학이나 사회학 등도 인문과학, 사회과학이라고 표현하지요. 하지만 과학이라고 하면 보통 자연과학의 의미로 쓰입니다. 여기서도 자연과학에 관해 이야기하려 합니다.

과학은 우리 주변의 아주 작은 것에 대한 호기심이나 놀라움에서부터 시작합니다. 눈앞에 있던 엄마가 사라졌다가 '까꿍!' 하며 다시 나타나는 것은 아기에게 세상에 대한 놀라움과 기쁨을 선사합니다. 공기의 이동과 물체의 움직임은 누워서 천장의 모빌을 바라보는 아기의 호기심을 자극합니다. 공이 경사에서 중력의 힘으로 또르르 굴러가는 것도 아기의 관심을 이끌어냅니다.

왜 새는 지저귀는지, 왜 해는 아침에 떠서 밤에 지는지, 왜 겨울에 눈이 내리는지, 왜 엄마는 팔이 아파서 나를 더 안아줄 수 없다고 하는지, 왜 아빠가 늦게 들어올 때는 얼굴이 불콰하고 이상한 냄새가 나는지, 아이가 "왜"냐며 호기심을 갖는 세상 모든 것에 대한 답은 거의 과학 안에 있습니다.

아이가 물어보는 모든 질문에 부모가 답할 수는 없는 노릇이지요. 그럴 때는 아이와 손을 잡고 도서관에 갑니다. 아이와 함께 도감을 찾아보고 그림이 많은 책들을 넘겨 봅니다.

책이 아이의 호기심을 다 해소해주지 못할 때는 "엄마도 잘 모르겠네. 우리 ○○가 나중에 커서 더 알아봐야겠다. 그때 엄마에게도 가르쳐줄래?"라든가 "그건 아직 과학자들도 모른대. 나중에 우리 ○○가 연구해서 알려주면 정말 좋겠다"라고 이야기해줄 수 있습니다. 세상에는 많은 일이 있고 아직도 밝혀지지 않은 더 많은 신비한 일이 있다는 것을 아이가 알게 될 것입니다.

세상을 전부 경험해볼 수는 없다

책을 통한 간접경험이 전부가 될 수는 없습니다. 하지만 세상 모든 일을 경험할 수는 없기에, 그리고 경험한 것으로만 세상을 판단하는 것은 위험하기에 아이가 알아야 할 많은 것을 책으로 보충해야 하지요.

취학 전부터 초등학교 저학년까지는 그림과 사진 위주의 과학책을 접하도록 합니다. 의무감으로 억지로 읽게 하는 것은 좋지 않습니다. 초등학교 때 배우는 과학은 중등 과정을 이해하기 위한 기초입니다. 어렵게 접근하기보다는 생활 속에서 과학의 원리를 발견해나가는 과정이 필요하지요.

과학 개념을 쌓는 데는 학습 만화가 도움이 됩니다. 만화를 허용할 것이냐 금지할 것이냐는 끊이지 않는 논란거리지만, 만화는 어려운 과학 개념을 그림과 이야기로 쉽게 설명해주기에 유용합니다. 이때도 수학 동화를 읽을 때처럼 아이에게 개념을 말로 풀어서 설명하게 해봅니다. 잘 안되면 여러 번 되풀이해 읽으며 내용을 이해하게 합니다. 웃긴 스토리와 그림, '앗!', '픽!', '으악!' 하는 소리만 기억하면 안 되니까요.

과학책 읽는 법

보통 도서관이든 가정이든 과학책은 전집으로 구비하는 경우가 많습니다. 새로 배울 주제에 따라 과학 교과서를 미리 펼쳐보고 관련 내용을 찾아 읽으면 많은 도움이 됩니다. 다루는 내용이 완전히 같지는 않더라도 개념을 잡을 수 있으니까요.

가정에 도감을 비치해두면 그때그때 생기는 의문을 풀 때 유용합니다. 비슷해 보이는 억새와 갈대의 차이라든지, 잣나무와 소나무의 차이도 식물도감을 보면 쉽게 알 수 있습니다. 곤충 도감도 장수풍뎅이와 사슴벌레처럼 헷갈리는 곤충을 찬찬히 비교해보는 데 도움이 됩니다. 도감은 한 번 읽고 마는 것이 아니라 수시로 찾아보기 때문에 서점에 가서 여러 책을 비교해본 후 아이가 선택하도록 합니다.

과학자의 업적을 다룬 책도 아이의 생각을 넓히는 데 도움이 됩니다. 과학자에 관한 책은 고난과 역경을 극복한 위인의 이야기로도 읽을 수 있지만, 시대상과 연결시켜 업적을 살펴보면 더욱 도움이 됩니다. 모든 위인이 그렇겠지만 특히 과학자는 시대의 발전과 뚝 떼어놓고 생각할 수 없습니다. 그 과학자가 살았던 시대는 어떠했고, 그전까지 과학의 성과는 어떠했으며, 어떠한 시대적 요구로 어떠한 과정을 거쳐 새로운 것을 발명했거나 발견했는지 알면 훨씬 깊이 있는 독서가 됩니다. 그 발명이나 발견으로 현재 우리의 삶이 어떻게 변했는지 알면 더욱 좋겠지요.

과학에 관심이 많다면 과학 잡지를 구독하는 것도 추천합니다. 잡지는 급변하는 최신 경향을 바로바로 알려주지요. 잡지에 실린 기사를 다 보지 않더라도 나중에 관련 내용을 찾아볼 때 유용합니다. 아이가 잘 몰랐던 생소한 분야도 사진과 그림이 많이 실린 페이지를 부담 없이 넘기다 보면 친숙해지고 흥미를 느낄 수 있지요.

현재의 사회적 이슈도 과학 잡지가 있으면 더 쉽고 깊게 이해할 수 있습니다. 전 세계를 강타한 코로나19라든지, 백두산의 활발한 활동도 현실감 있게 다가오지요. 과학이란 교과서 속에만 있는 것이 아니라 우리 일상생활과 아주 밀접하다는 것을 느끼게 됩니다.

실험·관찰은 독서와 병행

현미경 같은 과학 도구가 집에 있으면 책을 읽으면서, 그리고 일상생활에서 갖게 되는 궁금증을 해소하는 데 도움이 됩니다. 아이들은 눈에 보이지 않는 것도 신기해하고 알고 싶어 하기에 현미경은 좋은 선물이 됩니다. 독서 일지 보상을 해주어야 할 때 현미경을 선물해주는 것도 고려해보세요.

아이가 실험이나 관찰을 하다가, 혹은 책을 보다가 궁금증이 생겼을 때는 인터넷 검색보다는 도서관에서 다른 책을 찾아보게 합니다. 인터넷에 있는 정보는 체계적이지 않고 파편적이어서 이해에 도움이 되지 않을 때가 많은데도 아이는 그것만 보고 '아, 뭔지 알았어!' 하고 쉽게 넘어가버릴 수 있습니다.

아이들은 과학 지식을 일상생활에서, 체험에서, 책에서, 잡지에서, 신문에서 접할 수 있습니다. 그 과정에서 문제나 의문을 제기하고, 답을 찾고, 설명하고, 증명하는 과정을 알게 되지요. 그리고 그런 구체적인 것들을 하나의 체계로 정리하는 과정도 배웁니다. 보편적인 진리나 법칙의 발견을 기반으로 한 체계적인 지식을 쌓아갈 수 있게 됩니다. 과학은 과학자들만의 전유물이 아닙니다. 과학자가 되지 않더라도 과학적 원리를 바탕으로 세상을 이해하고 발전시켜갑니다. 우리의 미래는 세계를 현명하게 이해하는 아이들의 손에 달려 있다고 할 수 있습니다.

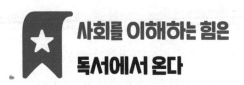# 사회를 이해하는 힘은 독서에서 온다

아이들은 왜 사회 과목을 어려워할까?

초등학교 사회 과목은 지리·정치·경제·역사 등을 포함합니다. 중·고등학교에서 세분화해 배울 개념을 전체적으로 파악하는 데 중점을 두는 것이지요. 초등학교에서는 이론이 아니라 실제 아이들이 살아가는 현실의 모습을 바탕으로 학습이 이루어집니다. 사회는 암기하는 것이 아니라 이해하고 실생활에 적용하는 과목입니다. 교과서를 배우는 것이 아니라 교과서를 통해 배우는 것이지요.

실제 생활과 밀접한 내용인데도 아이들이 가장 어려

위하는 과목 1, 2위를 다투는 것이 사회입니다. 평소에 쓰지 않는 어렵고 딱딱한 용어가 많이 등장하기 때문이지요. 아이들이 가장 싫어하는 단어가 '고장'이라는 이야기를 들은 적이 있는데, 그러고 보니 요즘에는 교과서 외에는 거의 사용하지 않는 말이더군요.

사회 과목이 우리 주변에서 실제 일어나는 일들을 다룬다고는 하지만 아이들이 피부로 느끼는 삶과는 거리가 있습니다. 아이들보다는 어른의 삶을 다루고 있기 때문이지요. 실제로 아이들은 사회 과목을 몰라도 평소 생활에 불편한 점이 별로 없습니다. 다루는 내용도 방대하고 지도와 도표 같은, 이해를 돕기 위한 자료도 부담스럽습니다. 게다가 '탐구해보자', '조사해보자', '토의해보자'라는 식이니 아이들이 분명하게 알았다고 느끼기 어렵습니다.

장기적인 접근이 필요한 과목

다른 과목도 그렇지만 특히나 사회는 단기간에 실력이 늘지 않습니다. 평소에 책을 많이 읽어 풍부한 배경지식을 갖추지 않았다면 재미없고 부담스러울 수밖에 없지요. 사회 공부를 위해서는 미리 교과서 내용을 한번 훑어보고 관련 책을 도서관에서 찾아보는 것이 효과적입니다. 독서로 어느 정도 개념을 잡고 학교 수업을 들으면 이해가 잘 되고, 학교에서 공부한 내용은 또 다른 책을 읽을 때 도움이 됩니다. 이렇게 학교 진도에 발맞추어 책을 읽어 나가면 효과적이지요.

매일 일기 쓰는 것이 고역인 아이에게는 교과서 내용을 바탕으로 일기를 써보도록 합니다. 예를 들어 4학년 1학기 사회 교과서는 내 고장을 중심으로 학습이 이루어지도록 짜여 있습니다. 지도 보는 법부터 문화재와 위인, 그리고 공공 기관과 주민 참여를 다루고 있지요.

너무 거창하게 시작할 필요는 없습니다. 동네 약도를 그리고 주요 장소들을 표시하기만 해도 하루치 일기가 됩니다. 그리고 다음 날 직접 걸어보면서 장소 간의 거리를 파악해보도록 합니다. 아이의 걸음 수를 기준으로 해도 되고, 장소까지 가는 데 걸리는 시간을 재도 되겠지요. 어떤 곳이 공공 기관인지 구분해볼 수도 있습니다. 은행을 이용하고 경험담을 적어도 되고요. 좀더 나간다면 우리 고장에서 3·1운동이 일어난 곳이 어디인지 찾아볼 수도 있습니다.

일기에 대한 부담도 덜고, 살아 있는 사회 교과목 체험도
됩니다.

뉴스와 지도에 관심을 기울이자

학교 수업과는 당장 관련이 없어도 현재 이슈가 된 문제들
을 찾아보고 이야기를 나누는 것도 아이의 시야를 넓혀주
는 데 도움이 됩니다. 난민이나 다문화에 대한 이야기는 언
론에 자주 등장하고 관련 책도 많으니 다양한 곳에서 정보
를 얻을 수 있습니다.

아이 방에 대한민국 전도와 세계지도를 붙여주고 교
과서에서 언급한 장소를 찾아보는 것도 좋습니다. 책에도
지도가 있지만 커다란 지도에서 다시 한 번 찾아보면 눈에
더 잘 들어옵니다. 사회 과목과 관련된 이슈가 있을 때마다
같이 지도를 확인해보는 것도 큰 도움이 됩니다. 제주도에
는 왜 외국인이 비자 없이 갈 수 있는지 지도를 보면 좀더
쉽게 이해됩니다. 한반도 남쪽에 있어 기후가 따뜻해 관광
지로 적합한 데다 섬이기 때문에 외국인이 마음대로 육지
로 건너오기 어렵지요.

구글 어스도 멋진 도구입니다. 내가 사는 곳부터 시작해서 전 세계 어디든 당장 날아갈 수 있지요. 할머니 댁이나 친구 집, 외국의 유명한 곳도 가지 못할 곳이 없습니다. 이렇게 신기하고 편리한 세상이 좋기는 하지만, 누가 나를 아무 때나 마음대로 찍는다면 어떨 것 같은지에 대한 이야기도 나눌 수 있지요.

동화로 역사 배경지식 쌓기

5학년 2학기 때는 역사를 배웁니다. 5,000년에 달하는 긴 역사를 짧은 기간에 축약해서 배우기 때문에 아이들에게는 만만치 않습니다. 낯선 이름이 끝없이 나오고 용어도 아주 생소하지요. '왕권', '도읍', '천도', '율령', '조약', '시해' 등 책이 아니면 평소에 접하기 어려운 단어들이 쏟아집니다.

용어는 나중에 배우더라도 어렸을 때부터 설화나 전래 동화, 과거를 배경으로 한 동화를 많이 읽어두면 역사 공부가 한층 쉬워집니다. 아이들은 어릴 때 환상적인 동화를 참 좋아합니다. 우리나라에도 흥미진진한 신화와 설화가 가득합니다.

사람을 위해 비·바람·구름을 거느리고 하늘에서 내려온 존재, 자라와 물고기 떼에게 다리를 만들게 한 영웅, 알에서 태어난 아이, 나라를 지키려고 스스로 울리던 북, 용으로 변해 나라를 지키는 임금, 사람을 사랑한 호랑이 아가씨, 남편을 기다리다 돌이 된 아내 같은 이야기는 아이에게 아득한 옛날의 신비로운 전설로 다가옵니다. 역사에 기반을 둔 인물이나 사건 중심의 에피소드들이지요. 이런 조각들은 나중에 정식으로 역사를 배울 때 점차 하나로 엮이게 됩니다. 자기가 알고 있던 것들이 하나씩 맞추어지는 경험을 하는 것이지요.

역사 만화도 같은 의미에서 많은 도움이 됩니다. 역사란 옛날부터 지금까지 사람들이 살아온 이야기입니다. 오랜 세월이 지나도 잊히지 않은 중요한 사건들, 과거에 있었던 수많은 인물이 만들어낸 거대한 서사시이지요. 아이는 만화를 통해 흥미롭고 재미있는 옛날이야기로 역사를 받아들이게 됩니다.

처음부터 아이들이 역사를 하나의 거대한 흐름으로 이해하기는 쉽지 않지요. 하지만 한 사건, 혹은 한 인물에 대한 지식이 쌓이고 쌓이면 언젠가 그 각각의 지식이 연결

됩니다. 억지로 한꺼번에 주입해서는 나오기 어려운 결과지요.

내가 역사 속 인물이 된다면?

아이들이 역사에 관한 책을 읽을 때는 '만약에'라는 질문을 던져봅니다. 지금 우리가 살고 있는 모습은 과거의 결과입니다. '만약에'라는 질문을 던졌을 때 자기 생각을 이야기할 수 있다는 것은 인과관계를 이해한다는 뜻입니다. "만약에 신라가 아닌 고구려가 삼국을 통일했다면?", "만약에 이성계가 위화도 회군을 하지 않았다면?", "만약에 효종이 죽지 않았다면?", "만약에 일본이 우리나라를 침략하지 않았다면?" 등 수많은 '만약에'를 던져볼 수 있습니다.

역사 속의 인물에 자신을 대입해볼 수도 있습니다. "네가 이방원이라면 어떻게 했을 것 같니?", "네가 정몽주라면 어떻게 하는 게 좋았을까?", "네가 흥선대원군이라면 일본·러시아·청나라 중 어느 쪽을 가장 믿었을 것 같니?" 등의 질문으로 이야기해보게 합니다.

성적을 올려주는 독서

지도는 역사 교육에도 중요

역사를 배울 때도 방에 붙여놓은 지도가 유용합니다. 지도 위에 지워지는 보드 마커로 백제·고구려·신라의 전성기를 그려봅니다. 아주 정성스럽게 그릴 필요는 없습니다. 한강 유역을 누가 차지했는지 알아볼 수 있을 정도면 됩니다.

조선과 청나라의 국경을 정한 백두산정계비에 대해 배우면 일본이 강제로 간도를 청나라에 넘겨준 이야기가 나옵니다. 중요하다고 해도 실감이 나지 않는 과거의 이야기 중 하나지요. 지도에서 압록강과 두만강, 쑹화강 위치를 알려주고 간도가 어디 있는지 찾아보게 하면, 간도의 위치를 알게 되고 그 넓은 땅을 잃었다는 사실을 눈으로 확인하면서 분한 감정까지 느끼게 됩니다.

역사를 포함한 사회 교과는 현재 우리의 모습을 설명해주는 도구입니다. 내가 살아가는 세상과 상호작용하고, 과거와 현재와 미래를 연결하는 지금의 내 모습을 알 수 있지요. 사회를 통해 생활에서 익힌 것을 체계화하고 평소에는 쉽게 접하지 못하더라도 꼭 알아야 할 세상의 모습을 접할 수 있습니다. 사회 과목은 우리가 서로서로 연결되어 있다는 것을 가르쳐줍니다. 그리고 다가올 미래를 다 함께 준비할 기틀을 닦아주지요.

내면부터 건강한 아이로 키우는 법, 예체능 독서

예술을 즐기면 성적이 오른다

미국 버몬트주 벌링턴Burlington에 있는 휠러초등학교는 완전히 실패한 학교였습니다. 초등학교인데도 맥주병이 나뒹굴었고 공공 기물 파손도 극심했지요. 학생의 90퍼센트가 급식 지원을 받을 정도로 가난했고 당연히 부유한 집안에서는 이 학교를 기피했습니다. 교육도 제대로 될 수가 없었지요. 뭔가 특별한 해결책이 필요했습니다.

학교에서 마지막으로 시도한 방법은 모든 수업에 예술을 접목하는 것이었습니다. 교사와 예술가가 함께 수업을 이끌었습니다. 학생들은 음악·연극·댄스·미술 등 다양한 활동에 참여했습니다. 함께 뮤지컬을 만들어 지역 극장에서 공연하고, 전교생이 참가하는 예술 축제도 정기적으로 열었습니다.

예술 수업을 받는 것은 물론, 과목 수업에도 예술을 접목했습니다. 과학 시간에 나뭇잎에 대해 배운 후, 잎사귀 모양과 잎맥 패턴을 이용해 추상 미술을 만들거나 도자기를 구웠습니다. 그렇게 만든 그릇에 음식을 담아 지역 주민에게 제공하기도 했습니다. 몇 년이 지나자 학생들의 학업 성취도는 눈에 띄게 좋아졌고 징계와 무단결석도 크게 줄어들었습니다. 학부모의 회의 참여율도 90퍼센트까지 치솟았지요.

한때 붕괴 위기에까지 몰렸던 빈민가 학교가 누구나 오고 싶어 하는 학교로 탈바꿈할 수 있었던 이유는 무엇일까요? 학생들에게 엄청난 공부를 시켜 성적을 올린 것이 아니었습니다. 다만 예술을 통해 창의성을 발휘하도록 한 것인데, 그 결과 아이들은 행복도와 성적이 같이 올랐습니다.

창의성이 없으면 살 수 없는 시대가 온다

예술은 표현의 욕구를 충족해주고 창의성을 발달시키지요. 학교 다닐 때 수학 문제를 1,000개씩 풀었다고 하더라도 관련 직업을 갖지 않는다면 수학과 큰 관련 없는 삶을 살게 될 것입니다. 하지만 체육과 예술은 다릅니다. 우리는 기분에 따라 노래하고 춤추고, 그림을 그리고, 노래를 듣고 싶어 하고, 다른 사람의 춤이나 그림을 보고 싶어 하지요. 내 육체를 이용해 극한의 상황까지 도전하기도 합니다. 답이 정해지지 않은 이 모든 일은 일상생활에서 우리의 창의성을 자극하고 전혀 가보지 않은 길을 제시합니다.

부유한 사람들은 돈을 들여 음악과 무용, 미술, 연극 등을 배우지만 넉넉하지 않은 형편에는 예술 교육에 마음껏 지출하기 쉽지 않습니다. 사회를 지배하는 엘리트 계층은 당장 먹고사는 데 소용이 없어 보이는 것들을 배워왔습니다. 그 결과 그들은 창의성을 독점했고, 다른 사람들이 생각하지 못한 혁신을 일으켰습니다.

하지만 지금 우리 아이들은 얼마든지 자신의 창의성을 발휘할 수 있는 시대에, 아니 창의성을 발휘하지 않으면

도태되는 세상에서 살고 있습니다. 예체능에도 신경을 쓸 수 밖에 없는 이유지요.

그림책의 놀라운 힘

그렇다면 어떻게 해야 예술을 즐기는 아이로 키울 수 있을까요? 어릴 때부터 그림책을 읽어주면 다양한 표현 기법에 익숙해지고 아름다움을 즐길 줄 알게 됩니다. 저는 10년도 훨씬 전에 아이와 우연히 백희나의 『구름빵』을 보고 받은 충격을 아직도 잊지 못합니다. '아, 이런 이야기를 상상할 수 있구나. 이런 이야기를 이렇게 놀라운 방법으로 표현할 수 있구나!'라고 감탄했습니다.

저는 그림책 세대가 아닙니다. 그래서 그런지 그림책을 보아도 그림을 음미하기보다 글씨가 먼저 눈에 들어옵니다. 하지만 요즘 아이들은 어릴 때부터 그림책을 접해와서 그런지 그림을 흡수하는 능력이 뛰어납니다.

게다가 요즘은 예술적인 그림책이 무궁무진하지요. 아이들에게 어릴 때부터 독특하고 아름다운 그림을 많이 접하게 해주세요. 많이 보아야 나중에 꺼내 쓸 수 있는 재료가 많아집니다. 우리는 평소 보고 듣고 겪은 것들을 무의식 속에 저장해둡니다. 그러다가 어느 순간 그 경험들이 연결되며 번개처럼 아이디어가 튀어나오지요.

창의력도 아는 만큼 자라난다

자기가 살고 싶은 집을 그려보라고 하면 아이들은 대체로 종이에 꽉 차게 큰 사각형을 그립니다. 그리고 우리가 흔히 보는 평면도를 그려냅니다. 가운데 거실이 있고 그 주변에 방, 화장실, 주방이 있습니다. 거실에는 텔레비전이, 그 앞에 소파가 있지요. 자기가 살고 있는 집을 크게 벗어나지 못합니다.

하지만 건축가의 작품집을 1시간만 보여주어도 몰라보게 달라집니다. 집의 형태나 집 주변의 환경이 얼마나 다채로울 수 있는지 깨닫게 됩니다. 그 뒤에 그린 그림은 예전 같지 않습니다. 기발한 생각들이 피어나지요. 더는 고정관념에 갇히지 않습니다. 그래서 어려서부터 다양한 작품을 보는 것이 중요합니다.

미술을 배우지 않은 아이들을 모아놓고 사과를 그려

보라고 하면 대부분 선생님이 한 것을 따라 하려고 합니다. 하지만 수채화, 점묘법, 모자이크 등 기법을 배우고 밀랍, 스티커, 스탬프, 실 등을 이용하는 법을 배우고 나면 제각기 개성 있는 사과를 그리게 됩니다.

예술은 접하는 것도 중요하지만 표현하는 것이 더 중요합니다. 요즘은 학교에서도 아주 다양한 예술 활동을 합니다. 집에서까지 특별한 무언가를 해주어야 한다는 부담감을 가질 필요는 없습니다. 다만 아이가 원할 때 제약 없이 마음껏 자신의 느낌을 표현할 수 있게 도와주세요. 전지에 그림을 그리거나 거실 유리창에 전용 펜으로 실컷 낙서하게만 해도 아이는 해방감을 느낄 것입니다.

책 읽고 감상하면 효과가 두 배

가끔 하는 미술관 나들이도 좋은 기회입니다. 유명한 화가의 특별전이 열리면 많은 아이가 부모 손을 잡고 미술관을 찾습니다. 아는 만큼 보인다고 미리 공부를 하고 가면 좋지 않을까 생각하는 부모가 많습니다. 하지만 공부시키듯 달달 외울 필요는 없습니다. 오히려 직접 그림을 감상하고 마음에 드는 것을 찾는 것이 좋습니다.

물론 그림의 의미와 미술사적인 의의를 알면 더 많은 것이 눈에 들어오지요. 하지만 미술 사조와 화풍을 어린 아이들이 이해하는 것은 쉽지 않습니다. 마르셀 뒤샹Marcel Duchamp의 〈샘〉을 보며 아름다움을 느끼고 감탄할 아이가 몇이나 있을까요? 아무리 위대한 예술 작품도 별 감흥이 없을 수 있습니다. 그러니 감상을 강요하기보다 열린 마음으로 다양하게 찾아볼 수 있게 해주어야 합니다. 예술은 의무가 아니라 기쁨으로 다가와야 오래 즐길 수 있습니다.

다양한 작품을 감상하다보면 어느새 취향이 생기고 마음에 드는 그림이 생길 것입니다. 아이가 마음에 들어 하는 그림이 있다면 그 화가의 작품집을 사주거나 화가의 인생을 다룬 책을 읽어보도록 합니다. 화가의 그림을 더 잘 이해할 수 있고 시대적 배경도 파악할 수 있습니다.

음악도 마찬가지입니다. 요즘에는 멀리 가지 않아도 무료나 저가로 즐길 수 있는 공연이 많이 있습니다. 딱딱하지 않은 클래식이나 관현악으로 편곡한 대중음악은 아이도 비교적 쉽게 감상할 수 있습니다. 공연장에서 나누어주는 프로그램을 챙겨 와서 오늘 감상한 곡의 작곡가에 대해 찾아보면 좋습니다. 이 역시 아이가 관심을 보이는 곡 위주로 합니다. 음악회에 갔다 왔다고 공부를 해야 한다면 음악 자체가 싫어질 수도 있겠지요.

저는 굳이 창의성을 위해 예술을 배우지 않아도 좋다고 생각합니다. 예술이란 인간의 마음을 표현하고 치유하기 위한 것이 아닐까요? 예술을 통해 아이가 슬플 때나 기쁠 때 감정을 표현하고, 행복한 삶을 사는 데 조금이라도 도움이 된다면 더 바랄 게 없다고 생각합니다.

운동도 책으로 친숙해질 수 있다

운동은 책을 읽는다고 저절로 잘 하게 되지 않습니다. 하지만 책을 접하면 운동에 정을 붙이고 친숙하게 느끼게 됩니다. 운동과 신체 놀이에 대한 책이 많이 나와 있습니다. 아이가 관심 있어 하는 분야의 책을 도서관에서 골라보게 하세요.

전통 놀이에 관한 책도 좋습니다. 예전에는 동네에서 직접 뛰어놀며 배웠는데 지금은 아이들이 밖에서 노는 일이 줄어들어 책을 통해, 혹은 놀이 수업에서 배워야 하지요. 부모와 함께 몸을 부딪치며 하는 전통 놀이는 아이들에게 큰 즐거움을 선사합니다.

남자아이들은 운동선수를 좋아합니다. 아이가 좋아하는 선수가 경기에 나오거나 관련 기사가 실리면 신문을 보여주세요. 관련 기사를 읽어달라고 하면 자기가 좋아하는 선수의 기사이니 기뻐하며 읽어줍니다. 신문의 어조도 익힐 수 있고 새로운 용어도 접할 수 있습니다.

당연한 말이지만, 스포츠에 관한 책을 많이 읽는다고 스포츠를 잘 하게 되는 것도 아니고 건강에 관한 책을 읽는다고 저절로 건강해지는 것도 아닙니다. 책이 인생의 모든 것을 해결해주지는 않으니까요. 아이들에게 책을 읽으라고 하는 만큼 밖에서 뛰어놀게 해주세요. 운동을 하면 스트레스도 줄고 건강해집니다. 뇌와 신체는 연결되어 있기에 운동을 하면 학습 효과도 좋아집니다.

그렇다면 운동선수는 왜 공부를 못 하냐고 질문을 할 수도 있습니다. 운동만 하고 공부를 하지 않았기 때문이지요. 공부만 하고 운동을 하지 않으면 건강할 수 없는 것처럼, 운동만 하고 공부를 하지 않으면 당연히 공부를 못하게 되겠지요.

교육의 목적은 아이를 혼자서도 행복하게 잘 살아갈 수 있는 독립된 성인으로 키우는 것입니다. 부모는 아이가 실패를 겪어도 극복하고 원하는 것을 누리며 충만한 삶을 살기를 바라지요. 예체능 교육은 아이의 삶의 질을 높이는 데 반드시 필요합니다. 남과 다른 풍요로운 생각을 위해, 그리고 건강한 몸과 마음을 위해, 평소에 예술과 체육을 접하게 해주세요.

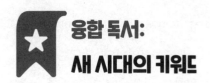

융합 독서:
새 시대의 키워드

모든 과목은 연결되어 있다

학교에서 배우는 모든 과목은 별개의 것이 아니라 유기적
으로 연결되어 있습니다. 2022학년부터는 대학 입학에 문·
이과 구분도 없어진다고 하지요. 끊임없이 변화하고 복잡
다단한 현대와 미래 사회에서는 과거의 고립된 학문만으로
해결 방법을 찾을 수 없기 때문입니다.

세계적인 사회생물학자 에드워드 윌슨Edward Wilson의
용어를 그의 제자 최재천 교수가 한국어로 번역해 소개한
'통섭Consilience'이라는 개념이 우리 사회에 뿌리 내린 지도

오래되었습니다. 통섭이란 인문·사회과학·자연과학을 통합해 새로운 것을 만들어내는 범학문적 연구를 말합니다.

영재교육진흥법을 근거로 설립된 인천과학예술영재학교는 과학적 지식뿐만 아니라 다학문 간 융합적 사고와 예술적 감수성을 겸비한 창의영재를 육성하는 것이 목표라고 명시하고 있습니다. 세종과학예술영재학교의 교육 목표역시 과학기술과 인문·예술의 상보적 융합을 통해 새로운 가치를 창출하는 인재를 키워내는 것입니다. 아이들이 지식과 사고의 경계 없이 마음껏 생각을 펼치고 연결해 새로운 아이디어를 창출하려면, 어릴 때부터 다양한 방법으로 사물을 보고 표현하는 연습을 해야 합니다.

문학·과학·수학·예술을 넘나드는 독후 활동

도서관에 가면 동화식으로 과학을 설명해주는 책을 많이 찾을 수 있습니다. 주로 식물이나 동물이 주인공이 되지요. 동화를 읽은 후 영역을 넓혀가며 활동할 수 있습니다.

예를 들어 식물 성장에 관한 과학 동화를 읽었다면, 집에 와서 화분에 식물을 심고 성장 과정을 관찰합니다. 불린 콩 종류는 싹이 금방 나고 관찰하기 쉽지요. 쌈 야채 종류도 키우기 쉽습니다. 식물을 관찰하면서 하루에 얼마나 자라는지 측정해 기록합니다. 그다음 식물의 그림을 그리거나 잎맥을 이용해 패턴을 만들어봅니다. 이렇게 하면 문학·과학·수학·예술의 여러 분야를 경계 없이 경험할 수 있습니다. 아이들과 집에서 비교적 쉽게 할 수 있는 활동 예시는 다음과 같습니다.

문학: 꿀벌의 협동 이야기

과학: 벌과 벌집의 특성 알아보기

수학: 종이를 육각형으로 오려 퍼즐 만들어보기

예술: 벌의 줄무늬로 패턴 만들어보기

문학: 물의 여행 이야기

과학: 차가운 물이 어는 속도와 끓인 물이 어는 속도
　　　비교해보기

수학: 얼음 큐브로 탑 쌓기

예술: 모양이 같은 컵에 각기 다른 양의 물을 붓고 컵
　　　을 두드려 소리를 들어보고 연주하기

문학: 계절의 순환 이야기

과학: 매일 나무의 사진을 찍어 변화 관찰하기

수학: 달력을 보고 계절 나누어 대략적인 날짜 계산

    해보기

예술: 우리 동네 생태 지도 만들기

문학: 민들레 홀씨의 여행

과학: 일년생 식물과 다년생 식물의 차이 알아보기

수학: 씨 하나에서 얼마나 많은 꽃이 필 수 있는지 계

    산해보기

예술: 민들레 화전과 진달래 화전 만들어 먹기

굳이 지금 하는 활동이 어느 영역에 속하는 것인지 나눌 필요는 없습니다. 우리가 일상생활 속에서 만나는 학문들은 경계가 없기 때문이지요. 중요한 것은 아이들이 평소 생활에서 재미와 흥미를 갖고 다양한 아이디어를 내는 것입니다.

슬로 리딩: 한 작품 깊이 파고들기

슬로 리딩으로 한 작품을 깊이 파고들면서 다양한 분야를 경험해볼 수 있습니다. 박완서의 『그 많던 싱아는 누가 다 먹었을까』를 읽고 산책하며 주변에 무슨 식물들이 있는지 찾아봅니다. 싱아는 구하기 어렵지만 아까시나무 꽃은 따 먹을 수 있습니다. 신문지를 물에 풀어 종이 그릇도 만들어 봅니다. 거즈 손수건을 여러 모양으로 바느질해봅니다. 숙부가 면 서기로 취직하는 데 도움을 준 먼 친척의 이름을 책에 나온 단서로 찾아봅니다.

미하엘 엔데Michael Ende의 『모모』를 읽고 지점토로 원형극장을 만들어볼 수 있습니다. 모모처럼 말 한마디 하지 않고 다른 사람의 이야기를 주의 깊게 경청해봅니다. 혹은 시냇가에 앉아 눈을 감고 시냇물 졸졸 흐르는 소리, 풀벌레 우는 소리에 집중해봅니다. 카시오페이아처럼 글로만 의사를 전달해보는 놀이도 합니다. 회색 신사처럼 내 인생의 시간을 중요한 일 순으로 계산해봅니다. 그러면 무엇에 나의 소중한 시간을 우선적으로 써야 할지 느낄 수 있겠지요.

독서 영역 확장하기

부모가 아이에게 많은 시간을 내기 어렵거나, 아이가 몸으로 무언가를 하는 것을 싫어하는 성향이라면 독서의 범위를 점차 넓혀주는 것도 방법입니다. 아이가 관심 있어 하는 분야에서 옆으로 조금씩 조금씩 확장해나가는 것이지요. 갑자기 너무 많은 것을 제시할 필요는 없습니다. 현재 아이가 알고 있는 것에 조금씩만 더해간다고 생각하면 됩니다.

융합은 경험에서 나옵니다. 갖고 있는 지식이 많을수록 연결도 많이 될 수 있지요. '사과'라는 단어를 들었을 때 '맛있는', '나무', '빨간색', '과일'만 떠올리는 아이와 그에 더해 '백설공주', '빌헬름 텔', '스티브 잡스', '트로이 전쟁', '뉴턴', '만유인력'도 함께 떠올리는 아이의 생각의 폭은 비교할 수 없이 차이가 납니다. 그러니 정해진 틀 안에서 점수를 매기고 규정짓기보다 다양하고 자유롭게 탐색하고 새로운 가치를 창출할 수 있도록 넓은 사고와 행동의 장을 만들어주세요.

4장

넓은 세상으로 나가기 위한
영어책 읽기

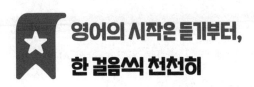

영어의 시작은 듣기부터, 한 걸음씩 천천히

엄마표 영어로도 가능할까?

큰아이가 5학년 때 한 달간 이탈리아 여행을 다녀왔습니다. 여행을 하면서 호텔에도 묵었지만 친구나 옛 동료의 집에서도 지냈습니다. 이탈리아에서 영어 강사로 일하는 영국인 친구 집에서 묵을 때는 친구가 가르치는 케임브리지 시험 대비반에 아이를 참가시켜 보았습니다. 아이는 항상 짝을 도와 과제를 빨리 끝내고 다른 학생들이 마치기를 기다리곤 했지요. 오랫동안 한국을 드나들며 사업을 했던 이탈리아 친구 집에도 묵었는데, 그 친구는 아이의 영어를 듣더니 저런 발음으로 말하는 한국인은 처음 본다며 놀라워했습니다. 아이는 여행 내내 어디를 가든 다양한 사람을 만나고 새로운 친구를 사귀었습니다.

저는 그런 아이를 보면서 무척 기쁘고 대견했습니다. 그리고 뿌듯하기도 했습니다. 학원이나 학습지 없이, 집에서 한 '살아 있는 영어 교육'만으로도 얼마든지 영어 실력을 향상할 수 있다는 증거를 본 셈이니까요.

영어는 '학습'이 아니다

중요한 것은 영어는 학습이 아니라는 것입니다. 영어는 모국어 습득과 같은 방법으로 접근해야 합니다. 많은 부모가 영어 교육은 알파벳부터 시작한다고 생각합니다. 언제부터 영어 공부를 해야 할까 이야기하다보면 "우리 아이는 알파벳도 모르는데요"라고 이야기하시는 분이 많습니다. 하지만 아이들이 말을 배울 때를 기억해봅시다. 누구도 기역, 니은을 배우고 난 뒤 엄마, 아빠를 말하지 않습니다.

아기는 엄마 뱃속에 있을 때부터 수많은 소리를 들어왔습니다. 태어난 후 엄마와 상호작용하면서 더 많은 소리를 듣습니다. 수많은 단어를 듣고, 되풀이되는 단어들을 상황에 따라 구별합니다. 더 나아가서는 맥락 안에서 구별할 수 있게 되지요. 세상의 모든 언어는 이런 과정을 통해 익혀집니다.

영어도 마찬가지입니다. 하지만 왜 미국 사람들은 영어가 쉽고, 우리는 그렇게 어려울까요? 그건 바로 영어가 모국어가 아니기 때문입니다. 즉, 우리 주변이 영어로 둘러싸여 있지 않다는 뜻이지요. 어딜 가나 일상적으로 영어를 접하는 상황이 아니라는 뜻입니다. 그렇기에 일부러 영어를 노출해 많이 들리게, 많이 접하게 해주어야 합니다.

영어는 책보다 영상이 먼저

다짜고짜 영어책을 읽으라고 하면 아이는 엄청난 부담감을 느낍니다. 영어를 싫어하게 될 수도 있지요. 처음부터 문자를 들이미는 것은 갓 태어난 아기에게 글을 읽으라고 하는 것과 같습니다.

영어에 자연스럽게 접근하려면 우선은 영어로 된 애니메이션을 하루에 1시간 정도 보여주는 것이 좋습니다.

아이가 영상을 많이 보는 것이 걱정스러울 수 있지만 요즘 아이들이 항상 다양한 미디어에 노출되어 있는 것을 감안하면 지나친 정도는 아닙니다.

영상을 보고 소리를 들으면서 한국어에는 없는 소리에 익숙해지도록 합니다. 한국어의 ㄹ과 영어의 L, R은 셋 다 다른 소리를 냅니다. F, V도 한국어에는 없는 소리지요. B와 ㅂ이 같은 소리라고 알고 있지만 사실은 그렇지 않습니다. J도 한국어의 ㅈ과 같지 않습니다. 익숙하지 않은 소리는 들어도 구분하기 어렵기 때문에 다르다는 것을 잘 모르는 것이지요.

아이가 그동안 들을 기회가 없던 낯선 소리들을 들으면서 다른 언어를 천천히 받아들일 수 있도록 해주세요. 영상을 함께 보면 들리는 말이 무슨 뜻인지 몰라도 스토리를 파악하고 인물 간의 관계를 알 수 있습니다. 어떤 일이 일어났는지도 이해하지요. 여러 번 되풀이해 나오는 간단한 단어는 귀에 들리기 시작합니다.

아이가 무슨 말인지 몰라 답답하다며 한국어로 보고 싶다고 할 수도 있습니다. 그럴 때는 이유를 설명해주고 영어로만 듣고 보는 것에 익숙해지도록 해야 합니다. 한국어로 된 영상을 보다보면 영어와는 멀어질 수밖에 없습니다. 만약 같은 애니메이션이나 영화를 여러 번 되풀이해 본다면 한 번 정도는 한국어로 보아도 괜찮습니다. 누적된 궁금증들을 해소하는 계기가 될 수 있지요.

추천하는 영어 애니메이션

공공 도서관에서는 영어 학습용 DVD를 대여해줍니다. 유튜브에도 영어 애니메이션이 많이 있습니다. 넷플릭스 같은 스트리밍 서비스를 이용해도 좋지요. 아이들이 좋아하는 애니메이션을 다양하게 제공하는 디즈니 플러스를 한국에서도 곧 서비스한다고 하니 기대됩니다. 올레TV에서 영화나 애니메이션을 소장용으로 구입하면 언어와 자막을 원하는 대로 설정할 수 있어 유용합니다.

애니메이션이라고 아무 것이나 보여주는 것은 아닙니다. 초기에는 아이들이 내용을 이해하지 못하더라도 소리를 잘 알아들을 수 있도록 발음이 선명한 교육용 애니메이션을 고르는 것이 좋습니다. 〈Arthur adventure〉, 〈Clifford〉, 〈Max & Ruby〉, 〈Caillou〉, 〈The baby triplets〉,

〈Word World〉, 〈Between the lions〉 등을 추천합니다. 유튜브에서 무료로 볼 수 있는 것들입니다.

아이가 특별히 하는 일 없이 시간을 보내거나 놀고 있을 때는 화면이 나오지 않게 소리만 틀어줍니다. 이렇게 소리만 흘러가게 두는 것을 '흘려듣기'라고 합니다. 집중하지 않더라도 반복해서 들으면 아이는 특정 대사가 나올 때 그 장면을 떠올리게 됩니다. 두어 달 이렇게 해서 우리말과는 다른 영어의 소리에 익숙해지면 원서 읽기에 도전합니다.

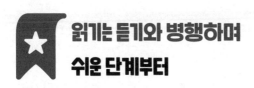

읽기는 듣기와 병행하며 쉬운 단계부터

영상에서 책으로 넘어가기

요즘에는 도서관에도 어린이용 영어 원서와 CD가 많이 비치되어 있습니다. 앞에서 말한 교육용 애니메이션들은 책으로도 출판되어 있습니다. 처음에는 아이가 문장 속에서 자연스럽게 파닉스를 습득할 수 있도록 구성되어 있는 'Clifford'나 'Word World' 시리즈를 권합니다. 이미 애니메이션으로 익숙하기 때문에 쉽게 받아들일 수 있습니다. 'Word World' 홈페이지를 방문하면 컬러링을 비롯해 다양한 액티비티를 출력할 수 있습니다. 'Between the lions'는 등장인물들이 다양한 책을 읽어주고 파닉스도 가르쳐주어 유용합니다.

CD를 틀어놓고 들으면서 눈으로는 글씨를 따라가는 것을 '집중듣기'라고 합니다. 이때는 손가락으로 읽는 부분을 짚으며 따라가도록 합니다. 그렇지 않으면 어느 부분을 읽는지 놓치기 쉽습니다.

집중듣기를 시작하기 전에 아이와 문구점에 가서 아이가 원하는 필기구를 고르게 하는 것도 좋습니다. 책에 직접 줄을 긋지 않아도 마음에 드는 필기구로 문장을 따라가면 아무래도 관심이 더 오래 머물 수 있지요.

아이가 집중듣기를 할 때 가능하면 부모가 같이 있어주세요. 영상을 보다가 잘 알지 못하는 문자에 집중하려니 재미없고 지루해서 집중력이 쉽게 흐트러집니다. 옆에서 부모가 함께 보아주면 집중하는 데 도움이 됩니다.

발음은 걱정하지 않아도 괜찮아요

부모가 읽어줄 수 있다면 천천히 읽어주어도 좋습니다. 발음은 걱정하지 않아도 됩니다. 아이는 이미 애니메이션과

CD를 통해 정확한 영어 발음에 익숙하거든요. 꼭 책의 내용을 한국어로 해석해줄 필요도 없습니다. 아이 스스로 그림을 보고 어느 정도 내용을 짐작할 수 있습니다. 부모는 아이의 관심을 끌어주는 정도로만 하면 족합니다. 그리고 나서 CD를 이용해 집중듣기를 하면 되지요.

그림책의 문장을 노래로 만들어놓은 '노부영(노래부르는 영어동화)' 시리즈를 활용해도 좋습니다. 반복되는 가사를 이용해 영어를 자연스럽게 접하도록 도와줍니다. 처음이라면 일정한 문장이 반복되는 책을 고르도록 합니다.

영어 그림책 읽기의 기본이라고 할 수 있는 에릭 칼 Eric Carle의 『Brown Bear, Brown Bear, What Do You See?』를 보면 "What do you see?"와 "I see a……Looking at me"라는 표현이 반복됩니다. 맨 처음 갈색곰에게 무엇을 보고 있냐고 물으면 갈색곰은 자신을 보고 있는 빨간 새를 본다고 답합니다. 그다음 갈색곰이 보고 있던 빨간 새에게 무엇을 보고 있냐고 묻고 빨간 새는 자신을 보고 있는 노란 오리를 보고 있다고 답하죠. 이런 식으로 똑같은 문장 안에서 색깔과 동물들이 이름만 바뀌면서 등장합니다. 아이가 이 문장에 익숙해지면, 자기가 원하는 대로 물건이나 색깔을 바꿔 표현할 수 있게 됩니다. 이렇게 반복되는 패턴을 통해 영어 문장에 익숙해지고 똑같은 철자가 되풀이되는 문장을 보면서 파닉스도 자연스럽게 습득할 수 있게 됩니다.

한국어책보다 영어책이 어려운 이유

CD나 부모의 낭독으로 책을 되풀이해 들으면 같은 소리를 내는 알파벳을 어렴풋하게 인식하게 되지요. 영어를 정확하게 읽을 줄은 몰라도 들리는 소리를 따라 어디를 보아야 하는지 알게 됩니다.

한글은 비교적 적힌 대로 읽을 수 있고 글자에 따른 발음이 일정하지만 영어는 그렇지 않지요. tough, bough, cough, dough를 소리 내어 읽어보세요. 밑줄 친 부분에서 같은 발음이 나는 것이 하나도 없습니다. eat, great, threat도, erect, here, there도 마찬가지지요. 일반적인 규칙인 파닉스를 안다고 해도 예외가 너무나 많습니다. 결국 영어책을 꾸준히 읽음으로써 문장 안에서 정확한 단어와 발음을 배우는 수밖에 없습니다.

아이가 문자에 대응하는 소리를 어느 정도 알고 스스로 읽는 연습을 할 때 어려워하면 글자를 가렸다가 조금씩 보여주면서 읽어보게 합니다. dog라는 단어를 읽는다면 d만 보여주고, d 소리를 내면 o를, 그다음에는 g를 보여주며 각각의 소리를 합쳐보는 방법으로 말이지요. 어느 정도 읽을 줄 아는 아이들도 긴 단어를 보면 멈칫하게 됩니다. 그럴 때도 마찬가지로 알파벳을 가렸다가 찬찬히 하나씩 보여줍니다.

쉽게 할 수 있는 영어 게임들

가끔은 가족이나 친구들과 몸으로 하는 게임을 해봅니다. 인원수에 맞는 단어를 골라 스케치북이나 A4 용지에 한 글자씩 씁니다. 예를 들어 cat이라는 단어를 골랐다면 종이 3장에 각각 C, A, T를 쓰고 잘 보이게 손으로 들고 있습니다. 이때 입으로는 그 글자가 나타내는 소리를 되풀이해 말하고 있어야 합니다. k, k, k, k, k(크크크크크), æ, æ, æ, æ, æ(애애애애애), t, t, t, t, t(트트트트트) 이런 식으로 말이지요.

한 사람이 다른 사람에게 가서 살짝 몸을 부딪칩니다.

C를 들고 있는 사람이 A를 들고 있는 사람에게 부딪치면 각자가 내고 있던 소리를 연결합니다. 그 둘이 함께 T를 들고 있는 사람에게 가서 살짝 부딪치고 다시 소리를 연결합니다. 꼭 정해진 철자의 순서대로 할 필요는 없습니다. 서로 다른 소리들이 어떻게 섞이고 합쳐지는지 몸으로 알아보기 위해서니까요.

단어 스크램블 게임도 좋습니다. 아이가 아는 단어를 종이에 크게 적어서 한 글자씩 오립니다. 섞어놓은 글자를 원래대로 배열해보라고 하면서 게임처럼 즐기는 것이지요.

아이가 영어책을 꾸준히 읽어 아는 단어가 많이 쌓이면 영어 단어로 끝말잇기를 할 수 있습니다. 처음에는 감이 잘 안 와 한국어 끝말잇기처럼 받아들일 수도 있습니다. '이글', '글루' 이런 식으로 말이지요. 하지만 몇 번 하다보면 'eagle', 'eraser', 'rabbit', 'tree'……이렇게 이어갈 수 있게 됩니다.

영어 끝말잇기를 하다보면 많은 단어가 e로 끝나 e로 시작하는 단어가 바닥납니다. 그때는 한국어 끝말잇기를 할 때처럼 아이와 함께 영어 사전을 보면서 해보세요. e로 시작하는 단어가 많다는 것을 확인하면서 끝말잇기에 쓸 단어를 눈여겨보고 기억하게 되지요.

읽기의 단계를 높이자

직접적으로 읽기 연습을 위한 단계별 책으로는 'Learn to Read', 'I can read', 'Oxford Reading Tree', 'Step into reading', 'Hello Reader' 시리즈 등이 있습니다. 이 시리즈 안에는 정말 많은 책이 있으므로 도서관에 아이와 함께 가서 고르는 것을 추천합니다.

처음에는 한 페이지에 한두 줄 정도의 수준으로 시작하는 것이 좋습니다. 욕심부리지 말고 꾸준히, 천천히 읽어나가고 많이 들으면서 읽을 수 있는 양을 늘려야 합니다. 한글책을 읽을 때처럼 엄마가 한 줄, 아이가 한 줄 번갈아 읽으면 더 재미있습니다.

영어는 한국어와 달리 운율을 중시하는데, 문장 끝에 반복되는 발음을 배치해 안정감과 리듬을 주는 것을 라임 Rhyme이라고 합니다. 이런 운율의 묘미는 원서로 읽어야만 느낄 수 있습니다.

줄리아 도널드슨Julia Donaldson은 반복되는 이야기와 반전으로 통쾌한 재미를 선사하는데, 원서로 읽어야 뛰어난 운율을 음미할 수 있습니다. 『숲속 괴물 그루팔로』의 생쥐 는 자기를 잡아먹으려는 여우, 올빼미, 뱀을 만날 때마다 자신이 상상해낸 괴물 그루팔로를 만나러 가는 중이라고 허풍을 떨지요. 생쥐가 말하는 그루팔로가 좋아하는 음식 은 여우 구이, 올빼미 아이스크림, 뱀 볶음입니다. 왜 굳이 여우를 굽고, 올빼미로 아이스크림을 만들고, 뱀을 볶을까 요? 이유는 영어로 읽어야 알 수 있습니다. 밑줄 친 부분을 소리 내어 읽어보세요.

By these rocks (이 바위 옆에서)

Roasted fox (여우 구이를)

By this stream (이 냇가 옆에서)

Owl ice cream (올빼미 아이스크림을)

By this lake (이 호수 옆에서)

Scrambled snake (뱀 볶음을)

아이와 함께 CD를 들으며 라임을 찾아보거나, 라임 을 살려 멋지게 책을 읽어보세요. 우리말과 다른 영어의 묘미를 느낄 수 있습니다. 반복되는 글자를 통해 단어 읽기가 쉬워지는 장점도 있지요.

'반복'과 '매일'은 힘이 세다

영어책은 한글책과 달리 억지로라도 읽었던 책을 읽고 또 읽어야 합니다. 매일 20분은 집중듣기를 하거나 소리 내어 읽어야 합니다. 한국어는 책을 읽지 않아도 주변에서 들리는 말을 통해 습득할 수 있지만 영어는 그렇지 않지요. 우리는 영어를 쓰는 환경에서 살지 않기에 애니메이션이나 CD의 소리를 흘려듣는 것으로는 충분하지 않습니다.

일상생활에서 한국어를 습득하는 것과 같은 효과를 누리려면 같은 책을 읽고 또 읽으면서 문장의 패턴이나 단어에 익숙해져야 합니다. 아침에 아이를 깨울 때 영어책 CD를 틀어주는 식으로 생활에서 영어를 계속 듣게 해주는 것도 물론 도움이 됩니다. 일어나서 씻고 밥 먹고 옷 입는 시간을 활용해 계속 흘려듣기를 해줍니다. 현재 읽고 있는 책을 계속 들으면 기억에 더 잘 남게 되지요.

주의해야 할 것은 아이에게 책 내용을 해석해보라든

가 뜻이 뭐냐고 묻지 말아야 한다는 것입니다. 어렴풋하게
이해하고 있어도 영어로 된 내용을 한국어로 옮기는 것은
쉽지 않습니다. 책의 내용을 소재로 대화를 나눌 수는 있지
만 직접 내용을 확인하려는 질문은 금물입니다. 테스트 받
는다고 생각하면 아이는 부담을 느끼고 영어에서 멀어질
수 있습니다. 안 그래도 100퍼센트 이해하지 못하는 책을
되풀이해 읽는 것은 지겹고 힘든 일입니다. 아이의 마음을
이해해주세요.

영어 신문과 소설 읽기

꾸준히 책을 읽는다면 동화책에서 벗어나 논픽션에도 도전
해볼 수 있습니다. 동식물이나 다른 나라의 문화·역사 등을
다룬 책이 무궁무진하게 많고, 『타임Time』에서 발간하는 어
린이용 월간지 『타임포키즈Time for kids』는 초등학생부터 고
등학생까지 4단계로 나뉘어 있어 아이의 수준에 따라 구독
할 수 있습니다. 홈페이지에서 녹음 파일이나 번역본도 구
할 수 있고요.

청소년용 영자 신문은 우리 주변의 친숙한 이야기들

을 영어로 접하게 해줍니다. 학교에서 배우지 않는 살아 있는 용어나 표현을 배울 수 있는 좋은 기회입니다. 다양한 종류의 어린이나 청소년용 영자 신문이 있지만 『주니어타임스The Junior Times』나 『주니어헤럴드The Junior Herald』가 신뢰할 만합니다. 홈페이지에서 원어민이 녹음한 기사를 들어볼 수 있고 단어 정리도 따로 되어 있어 학습에 유용합니다.

문학도 점차 수준을 높여가 소설까지 읽는 것을 목표로 합니다. '해리 포터' 시리즈를 읽을 수 있다면 웬만한 글은 거의 다 읽을 수 있다고 봅니다.

하지만 책만 읽어서는 일상생활에서 쓰는 살아 있는 영어를 배우기는 힘듭니다. 그래서 애니메이션과 병행하기를 권하는 것이지요. 영상에서는 등장인물이 생동감 있게 움직이기 때문에 책보다 상황별 표현을 이해하기도 쉽습니다. 베스트셀러 시리즈를 기반으로 한 애니메이션을 책과 함께 보면 더 친숙하고 효과적입니다. 중요한 것은 자막 없이 보아야 한다는 것입니다. 자막을 보게 되면 귀로 듣기보다는 눈으로 읽으려고 하게 되어 듣기 능력이 떨어집니다.

극장용 디즈니 애니메이션도 발음이 분명하고 좋은

스토리가 많아 영어 학습에 도움이 됩니다. 아이가 어느 정도 컸다면 굳이 애니메이션만 고집하지 않아도 됩니다. 아이가 좋아하는 영화도 영어로 얼마든지 볼 수 있지요. 영어책을 되풀이해 읽는 것처럼 영화도 반복해서 여러 번 본다면 훨씬 좋습니다. 입력이 충분히 되어야 출력도 가능해집니다. 많은 책과 영화를 봄으로써 머릿속에 입력된 표현을 늘려갑니다.

놀이하듯 자연스러운 말하기

영어 교육 사이트 활용하기

자연스러운 언어 습득 순서는 듣기-말하기-읽기-쓰기입니다. 하지만 성장한 뒤에 습득하는 외국어는 이 순서를 지키기가 쉽지 않습니다. 그래서 다양한 방법으로 흥미를 돋우고 언어의 여러 영역을 고루 발달시켜주는 것이 중요합니다.

책과 영상을 기본으로 영어에 접근하지만 그 외에도 영어 공부에 도움을 주는 다양한 채널이 있습니다. 영어 교육 사이트를 이용하면 아이들에게 색다른 기회를 제공할 수 있습니다. 추천할 만한 사이트로는 리틀팍스littlefox.co.kr

와 리딩게이트readinggate.com가 있습니다. 리틀팍스는 영상과 듣기 위주, 리딩게이트는 읽기 위주이지요. 둘 다 영상을 보거나 책을 읽고 난 후 퀴즈를 푸는 단계가 있어 얼마나 이해했는지 확인할 수 있습니다. 무료 체험 기회가 있으니 결정하기 전 직접 해보고 아이의 성향에 맞는 것을 선택하면 좋습니다.

영어를 따라서 말하는 순간이 온다면

아이들은 영상을 보면서 자기가 좋아하는 장면이나 캐릭터가 나오면 익숙한 표현을 따라 하기도 하고 주제가를 부르기도 합니다. 집중듣기나 흘려듣기를 할 때 많이 들어 익숙한 부분을 성우와 동시에 말하는 경우도 있습니다. 성우가 읽어주기 전에 먼저 말하기도 하지요. 그럴 때 더 응원해주고 틀려도 자신 있게 따라 할 수 있도록 격려해주세요.

아이가 좋아하는 장면이 있으면 스크립트를 구해 연기하듯 읽어도 좋습니다. 리틀팍스는 홈페이지에서 스크립트를 받아 출력할 수 있습니다. 디즈니 애니메이션은 인터넷에서 스크립트를 구할 수 있지요. 좀더 적극적으로 한다면 체계적으로 표현을 익힐 수 있게 정리해놓은 길벗이지톡의 '스크린 영어 회화' 시리즈를 이용할 수 있습니다. 아이가 좋아하는 부분을 위주로 반복해나가다 보면 달라지는 것을 느낄 수 있을 것입니다.

로제타스톤은 번역을 거치지 않고 바로 영어를 떠올릴 수 있도록 만들어진 회화 프로그램입니다. 다양한 사진을 반복적으로 이용해 언어를 말하게 하는데, 녹음 기능이 있어 발음이 부정확하면 다음 단계로 넘어가지 않습니다.

그대로 따라서 말하기

한국어와 영어는 발성도 다르고 사용하는 발성기관의 근육도 다릅니다. 유창하게 발음하려면 듣기만 해서는 부족하지요. 직접 소리 내어 연습해야 자기 것이 됩니다. 말하기 연습을 본격적으로 시작하기 전에 연속 따라 하기(흔히 '연따'라고 합니다) 혹은 새도 스피킹Shadow Speaking을 하면 좋습니다.

새도 스피킹이란 그림자가 사람의 행동을 그대로 따라 하듯 들리는 것을 동시에 따라서 말하는 훈련입니다. 새도 스피킹을 할 때는 글을 읽는 것이 아니라 귀에 들리는 소리를 따라 해야 합니다. 눈으로 글을 따라가다보면 소리를 놓치기 쉽습니다. 무슨 말인지 이해할 수 없다고 해도 내 귀에 들리는 대로 충실히 따라 하다보면 문자로는 습득하기 어려운 연음이나 축약을 자연스럽게 익힐 수 있습니다.

섀도 스피킹은 초기에 좌절하기 쉽습니다. 영어가 아닌 한국어도 다른 사람이 하는 말을 그대로 따라 하려고 하면 뜻대로 되지 않습니다. 어른도 어려운데 아이는 오죽할까요. 발성이 전혀 다른 언어를 같은 속도로 따라가는 것이 어렵다는 것을 알려주고 한두 줄짜리 쉬운 책부터 시작해서 천천히 숙달되게 해줍니다.

처음에는 아이가 여러 번 읽어서 익숙해진 책을 고르는 것이 좋습니다. 어느 정도 몸에 익으면 나중에는 새로운 책으로도 수월하게 섀도 스피킹을 할 수 있게 되지요.

책 한 권 외워보기

영어를 익히다보면 어느 순간 정체되는 순간이 옵니다. 발전이 더뎌지면서 아이도 답답해하지요. 저는 집에서 아이들을 가르칠 때 영어책은 다 이해하지 못해도 괜찮다고 하며 되도록 많은 책을 바꿔가며 접하게 해주었습니다. 하지만 작은아이가 정체기에 적어들자 방법을 바꿔서 책 한 권만 계속해서 집중듣기를 하도록 했습니다. 반복해서 읽으면서 내용을 완벽하게 이해하는 경험도 필요하다 판단했지요.

어느 날 작은아이가 하도 많이 듣고 읽어 다 외울 지경이라고 불평하길래 이때다 싶었습니다. 의도하고 시작한 것은 아니었지만 한번 외워보지 않겠냐고 물었지요. 그림이 많은 짧은 책이라 보상을 제시하고 칭찬해주면 할 수 있을 것 같았습니다. 책 한 권을 외웠다는 자신감을 심어줄 좋은 기회이기도 했고요. 아이는 며칠 동안 열심히 노력했고 결국 책 한 권을 외워냈습니다. 그러면서 많은 문장을 기억했고 다른 책도 쉽게 이해하게 되었지요.

한 단어라도 말하게 해주세요

언어의 궁극적인 목적은 자신의 생각을 이야기하고 다른 사람과 소통하는 것입니다. 머릿속에 패턴이 많이 쌓여 있을수록 자신의 생각을 표현하기 쉬워집니다.

북미의 공교육에서는 자기가 좋아하는 물건을 가져와

소개하고 친구들의 질문을 받는 시간이 있습니다. 이런 수업을 'Show and tell'이라고 합니다. 집에서도 이런 시간을 가져볼 수 있습니다.

영어책과 애니메이션을 많이 접했다면 아이는 잘 쓰지는 못해도 간단한 단어들은 말할 수 있게 됩니다. 원하는 물건을 하나 골라서 관련된 단어를 한두 개라도 말해보게 합니다. 처음부터 완벽한 문장으로 말하지 않아도 됩니다. 스스로 생각한 단어를 발화하는 것이 중요하지요.

좋아하는 인형을 선택했다면 처음부터 "This is a pretty doll. I like her"라고 말할 필요는 없습니다. 그냥 "pretty" 라든가 "I like" 정도로만 말해도 충분합니다. 인형이 예쁘다는 것, 그리고 아이가 그 인형을 좋아한다는 것은 누구나 이해했으니까요.

이런 간단한 활동이 되풀이되면 아이는 '이건 영어로 어떻게 말하면 좋을까', '저것에 해당하는 영어 단어는 무엇일까' 나름대로 생각합니다. 꾸준히 영어책을 읽고 영어 영화를 보아왔다면 활용할 수 있는 단어도 많아지고 점점 길게 말할 수 있게 됩니다.

영어 말하기 대회

아이가 어느 정도 영어에 자신감이 생겼다면 달성할 목표를 정해주는 것도 좋습니다. 누구나 결과를 알 수 있고 주변의 관심을 받는 것이라면 더 효과가 있겠지요. 요즘에는 학교는 물론이고 지자체나 다양한 기관에서 영어 말하기 대회를 개최합니다. 기업이나 정부 부처에서 기념일 행사의 일환으로 주최하는 경우도 많고 대학에서 주관하기도 합니다. 관심을 갖고 찾아보면 참여할 수 있는 대회가 많습니다.

원고 쓰기에 자신 없다고 포기할 필요는 없습니다. 대표적인 영어 말하기 대회인 세계예능교류협회의 '대한민국 학생 영어 말하기 대회'를 비롯해 많은 대회에서는 참가자가 요청하면 원고를 제공합니다. 평가 기준은 원고 내용이 아니라 자연스러운 표현, 발음, 감정 처리, 자신감, 억양, 제스처 등입니다.

당연히 원고는 완벽하게 외워야 합니다. 무턱대고 외우기보다는 내용의 흐름을 파악하며 단계적으로 외워나가는 것이 좋습니다. 그래야 속도, 어조, 음량 등을 내용에 맞추어 자연스럽게 변화시킬 수 있습니다. 몸짓과 시선도 중요합니다. 매일 거울을 보면서 말하는 연습을 해야 합니다.

대회 규정에 따라 준비하고 연습하는 과정에서 아이들은 훌쩍 성장합니다. 열심히 한 결과 입상한다면 더 좋고 그렇지 못했다고 할지라도 특별한 경험으로 남습니다. 다른 참가자를 보면서 자극을 받을 수도 있고요.

원어민 수업은 아이에게 더 유용

아이가 문장을 이어서 말할 수 있으면 원어민에게 수업을 받는 것을 추천합니다. 굳이 학원에 가지 않아도 요즘에는 화상 수업이 많습니다. 스카이프를 이용해 외국에 있는 강사와 대화할 수도 있지요.

보통은 아이에게 맞는 교재를 선택해 교재 위주로 수업을 진행합니다. 일주일에 두세 번, 하루에 20분만 해도 아이는 점차 자신감이 높아지고 '외국인 울렁증'도 사라집니다. 화상 수업 업체는 대부분 강사의 프로필을 제공하니 보고 적절한 강사를 선택하면 됩니다. 아이와 교사의 성향도 맞아야 하니 이 부분도 고려하는 것이 좋습니다.

제 큰아이는 화상 수업 강사와 친구 같은 사이가 되어 수업 시간을 무척 좋아하게 되었습니다. 수업을 그만둔 지금도 가끔 소식을 주고받고, 기회가 된다면 직접 방문할 계획도 세우고 있습니다.

말하기란 소통의 시작입니다. 아이가 활자에만 갇히지 않고 자신의 뜻을 표현할 수 있도록 여러 방법으로 자극해주세요.

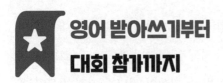

영어 받아쓰기부터 대회 참가까지

알파벳을 바르게 쓰는 것부터

의외로 영어 알파벳을 정확하게 쓰지 못하는 아이가 많습니다. 어릴 때부터 영어로 된 문자를 많이 보아왔기에 익숙해서 당연히 알 것이라고 생각하는 반면 정확한 순서와 위치를 지켜 쓰는 훈련은 별로 받지 않았기 때문이지요. 아이가 쓰기를 배우기 시작할 때는 영어 노트를 마련해서 바르게 쓰는 연습을 할 수 있도록 합니다. 로마자는 각 글자의 위치를 정확하게 알아야 예쁘고 반듯하게 쓸 수 있습니다.

단어나 문장 쓰기는 읽기가 어느 정도 가능해진 후에

합니다. 완벽하게 읽을 필요는 없지만 각 알파벳이 어떤 소리를 내는지는 짐작할 수 있어야 합니다. 꾸준히 영어 영상을 보아왔다면 알아듣는 단어나 문장이 꽤 있을 것입니다. 아는 표현이나 단어가 나오면 잠깐 화면을 멈추고 방금 들은 단어를 적어보도록 합니다. 스펠링을 알면 좋겠지만 몰라도 괜찮습니다. 그럴 때는 영어 발음을 한글로 적어보게 합니다. 영상을 다 본 후 들렸던 단어를 맞게 썼는지 확인해봅니다. 한글로 발음만 썼던 단어도 스펠링을 찾아서 적어봅니다. 이런 식으로도 듣기와 쓰기를 동시에 익힐 수 있습니다. 하루에 몇 개라는 목표를 세우고 달성할 때마다 보상을 주어 성취감을 느끼게 할 수도 있습니다.

필사와 일기 쓰기

책을 읽을 때 아이가 좋아하는 장면이나 기억에 남는 부분들이 있습니다. 그중 마음에 드는 한 문장을 적어보게 합니다. 한 문장으로 시작해 점차 양을 늘려갑니다. 중요한 것은 꾸준히 쓰는 것입니다. 나중에는 책 한 권을 정해놓고 처음부터 끝까지 매일 조금씩 쓰도록 해봅니다. 필사를 하면 듣거나 읽을 때보다 문장의 형태를 잘 인식하게 됩니다. 철자를 익히는 데도 도움이 되고요.

영어 일기는 쓰기 실력을 향상하는 좋은 방법입니다. 지금까지 차곡차곡 쌓아온 것을 활용해 자기만의 글을 만들어내는 것이지요. 일기는 처음부터 잘 쓰려고 할 필요는 없습니다. 나에 대한 것, 내 주변에 대한 것, 내가 좋아하고 싫어하는 것부터 시작합니다.

아이들의 일상생활은 비슷합니다. 학교에 가고, 학원에 가고, 친구랑 놉니다. 주말에는 가족과 여행을 합니다. 도서관에 가면 아이들의 생활이나 생각, 감정을 영어로 쓰고자 할 때 적절한 표현을 제시해주는 표현 사전이 많이 있습니다. 책이나 영화에서 등장인물이 자신과 비슷한 상황에 처했다면 그들의 대사나 표현을 적어두었다가 살짝 바꾸어서 써볼 수도 있습니다.

영어 일기에 틀린 부분이 있다고 해도 지적은 하지 않는 편이 좋습니다. 매번 첨삭 지도를 하면 아이는 자신감과 재미를 잃게 됩니다. 낯설었던 언어로 일기를 쓴다는 기쁨을 느끼게 해주세요. 정확하게 한두 줄 쓰는 것보다는 마음껏 여러 줄 쓰는 것이 중요합니다.

일기를 쓰는 것은 'write a diary'보다는 'keep a diary'
라고 합니다. 한 번 쓰고 마는 것이 아니라 매일매일 꾸준
히 써야 한다는 것이지요. 매일 조금씩 쌓이는 것이 모여
실력을 탄탄하게 해줍니다.

영어 받아쓰기

딕테이션Dictation도 듣기와 쓰기에 큰 도움이 됩니다. 다른
사람이 책을 읽어주는 것이든 CD든 영상이든 5초 정도 듣
고 들리는 대로 써봅니다. 5초는 짧은 것 같지만 듣고 글로
옮기기에는 만만한 분량이 아닙니다. 들릴 때까지 동일 구
간을 반복해 여러번 들으며 써봅니다. 잘 되면 조금씩 구간
을 늘려봅니다.

딕테이션을 좀 더 쉽게 할 수 있게 나온 도구들이 있
습니다. 무비랑이라는 프로그램은 아이들이 좋아하는 애니
메이션이나 영화를 어학용으로 전환해놓은 것이지요. 대사
받아쓰기나 따라 하기에 좋은 프로그램입니다. 대사나 단
어를 검색해볼 수 있고 재생 속도 조절도 가능합니다.

매일 모든 영역을 골고루

듣기, 읽기, 말하기, 쓰기는 매일 분량을 나누어 조금씩이라도 꾸준히 해야 합니다. 듣기를 어느 정도 해놓고 읽기로 넘어가거나 읽기가 어느 정도 완성되었다고 말하기로 넘어가는 것이 아닙니다. 듣기부터 시작해서 읽기가 더해지고 듣기·읽기를 꾸준히 하면서 섀도 스피킹을 추가하는 식입니다. 모든 영역을 동시에 고루 연마해야 언어의 성장이 이루어집니다.

영어 학습도 일지를 만들어 매일 기록하면 좋습니다. 그러면 현재 상태가 한눈에 들어오고 다음 계획을 짤 수 있게 되지요.

성공적인 영어 말하기 대회 참가 팁

직접 원고를 써서 영어 말하기 대회에 참가할 수도 있습니다. 물론 아이 혼자서 원고를 완벽하게 쓸 수는 없지요. 아이가 원고를 쓰면 부모나 선생님의 도움을 받게 해줍니다. 처음부터 남이 대신 써준 원고는 매끄러울지언정 아이의 생각과 느낌을 제대로 전할 수가 없습니다.

　세계 평화라든지, 환경 보호 같은 거창한 주제를 선택하려고 애쓰지 않아도 됩니다. 잘 모르는 내용보다는 나만의 진솔한 이야기가 울림을 줍니다. 쓰기도 쉽고, 외워서 발표하기도 편하지요. 대회에서 이름, 나이, 가족 구성, 취미, 특기, 장래 희망을 줄줄이 말하는 아이들을 종종 보곤합니다. 그런 내용은 누구에게나 해당되는 사항입니다. 나만의 이야기를 하고 싶다면 나의 전부를 보여주는 것보다그중 하나를 콕 짚어서 자세히 쓰는 것이 좋습니다. 다른사람이 공감할 만한 경험이나 에피소드를 곁들여서 말이지요. 취미에 대해 쓰고 싶다면 그것을 좋아하게 된 이유나계기, 그로 인한 재미있었던 경험, 다른 사람에게 알려주고싶은 장점 등이 담기면 좋겠지요.

영자 신문 기자로 활약하기

정기적으로 글을 써야하는 환경을 만들어주면 좋습니다. 영자 신문의 좋은 점은 아이들이 직접 기자가 되어 기사를 쓸 수 있다는 것입니다. 특별히 뛰어난 영어 실력이 있어야만 하는 것은 아닙니다. 자신의 의견을 영어로 조리 있게 쓸 수 있으면 어렵지 않게 기자가 될 수 있습니다.

기자로 선발되면 캠프에 참여해 현직 기자들에게 기사 작성 요령을 배우고 직접 기사를 작성해 발표하기도 합니다. 영어에 관심 있는 또래 친구들도 만날 수 있고요. 기자로 선발되었다고 해도 모든 글이 신문에 실리는 것은 아닙니다. 자연히 기사를 잘 쓰려고 고심하게 되지요. 논리적인 글쓰기를 할 수 있는 좋은 기회가 됩니다.

문법 공부는 천천히

영어책을 많이 읽으면 문법을 따져보지 않아도 잘못된 문장을 쉽게 골라낼 수 있습니다. 익숙한 패턴에서 어긋난, 듣기에 어색한 문장을 금방 알아채는 것이지요. 문법 공부는 영어 실력이 어느 정도 쌓인 다음 시작해도 늦지 않습니다.

문법은 우리가 갖고 있는 언어 지식을 견고하게 붙들어주는 틀입니다. 언어를 익히려면 우선 문법이라는 틀을 채울 재료가 있어야 합니다. 그동안 한국의 영어 교육을 보면, 무엇으로 집을 지을지도 모르는 채 헉헉거리며 틀부터 마련하기에 급급했다는 생각이 듭니다. 시험을 준비하는 것이 아니라면, 문법의 재료부터 넉넉하게 준비해야 합니다. 재료가 풍부할수록 어떤 틀이든 쉽게 채울 수 있습니다. 그래야 튼튼한 집을 지어낼 수 있지요.

문법은 혼자 공부하기 힘듭니다. EBS나 인터넷 강의가 도움이 됩니다. 기초 영문법 강의는 종류가 아주 많습니다. 그중에서 아이에게 잘 맞는 강의를 찾아주는 것이 중요합니다.

엄마표 영어 코칭 서비스

이 모든 과정이 쉽지는 않습니다. 성과가 나오려면 몇 년을 노력해야 하고, 그 과정에서 좋은 경험뿐만 아니라 나쁜 경험도 하게 되지요. 이런 과정을 비교적 수월하게 해낼 수 있도록 엄마표 영어를 코칭해주는 곳이 있습니다. 아이가 아닌 부모를 대상으로 일주일에 한 번씩 아이의 영어 습득에 관한 코칭을 해주지요. 필요한 책이나 교재, DVD 등을 대여해주기도 합니다. 엄마표 영어를 코칭해주는 곳 중에서 아이보람과 맘스플래닛이 꾸준히 좋은 성과를 내고 있습니다. 혼자서 자료를 검색하고 다음 단계를 고심하는 것이 버겁거나 시간이 부족하다면 이런 기관의 도움을 받는 것도 추천합니다.

한국어를 구사할 줄 아는 아이에게 한글책을 읽히는 것과 영어를 할 줄 모르는 아이에게 영어책을 통해 영어를 습득하게 하는 것은 하늘과 땅만큼 차이가 큽니다. 언어의 발달은 쉽게 결과가 눈에 들어오지도 않지요. 당장의 성적을 올리는 데는 학원이 더 **빠를** 수도 있습니다. 하지만 진정한 언어로서의 영어, 세계인의 소통 수단으로서 영어를 하기 바란다면, 부모가 장기적인 시선을 갖고 아이가 꾸준히 책을 읽고 영상을 시청하도록 도와주어야 합니다.

5장

책 읽는
가정 만들기

책 읽는 가정의
첫 관문 넘기

부모가 책을 읽어야만 아이들이 책을 읽을까요?

흔히 부모가 책을 읽어야 아이도 책을 읽는다고 합니다. 하지만 꼭 그런 것 같지는 않습니다. 저는 글을 깨우친 이후 쉼 없이 책을 읽어왔지만, 부모님의 영향은 아니었습니다. 제 아이는 엄마가 책만 본다고 거부 반응을 일으키기도 했습니다. 책을 좋아하는 많은 사람의 이야기를 들어보아도, 부모가 책을 읽는 모습을 보고 책을 좋아하게 된 것은 아니었습니다.

그렇다면 부모는 책을 읽지 않아도 될까요? 물론 그렇

지 않습니다. 부모가 책 읽는 모습을 보여주는 것은 여전히 중요합니다. 다만 아이가 책을 읽지 않는다고 원인이 모두 부모에게 있는 것은 아니라는 뜻입니다. 요즘은 책이 아니어도 온갖 자극적인 것이 넘쳐나기에 아이들의 시선을 책으로 돌리려면 훨씬 더 많이 노력해야 합니다.

시큰둥한 아빠 설득하기

가정에서 우선적으로 할 수 있는 방법은 가족 독서 시간을 갖는 것입니다. 요즘의 가족들은 다 같이 한자리에 모여 무언가를 함께하는 것이 쉽지 않습니다. 초등학교 고학년만 되어도 아이들이 학원에서 돌아오는 시간이 점점 늦어져 온 가족이 저녁 식탁에 다 같이 둘러앉기 어려운 경우도 많지요.

시간을 정해놓고 모두 책을 읽어야 한다고 하면 거부하는 사람이 있을 수도 있습니다. 특히 아이들은 몰라도 아빠가 쉽게 따라주지 않을 때가 많지요. 그럴 때는 독서와 수능 점수의 상관관계나 독서에 따라 달라지는 취업 이후의 수입 같은 객관적인 정보가 도움이 됩니다. 책을 읽는 것 자체는 즐기지 않더라도 독서 분위기를 만드는 데는 협조해줄 것입니다.

한국직업능력개발원이 4,000명의 학생을 추적 조사한 자료를 보면, 책을 많이 읽은 학생은 그렇지 않은 학생에 비해 수능 성적이 평균 40점 이상 높았습니다. 특히 부모의 학력 수준이 낮은 경우 독서로 인한 성적 향상이 더 뚜렷했습니다. 독서와 성적의 상관관계는 수능 만점자를 조사한 결과에서도 확인됩니다. 수능 만점자 30명을 인터뷰하고 낸 통계에서 90퍼센트가 공통된 습관으로 독서를 꼽았습니다. (채창균·신동준, 「독서·신문 읽기와 학업 성취도, 그리고 취업」, 한국직업능력개발원, 2015)

이탈리아 파도바대학이 6,000명을 대상으로 독서와 수입의 관계를 분석한 결과도 흥미롭습니다. 가정에서 보유한 책이 10권 미만인 아이들은 교육 기간이 1년 더 늘어나도 5퍼센트만 수입이 상승한 반면, 100권 이상의 책을 보유한 아이들은 수입이 무려 21퍼센트나 치솟았습니다.

처음부터 무리는 금물

처음에는 너무 욕심을 내지 않는 것이 좋습니다. 습관이 들지 않았는데 무리해 목표를 잡으면 제대로 해내기 힘들고 얼마 못 가 포기하기 쉬우니까요. 가족이 동시에 낼 수 있는 시간을 다 같이 합의하는 것이 먼저입니다.

처음에는 일주일에 한 번이라도 모입니다. 예를 들어 저녁을 먹고 자리를 정리한 뒤, 9시 정각에 모여 30분 동안 조용히 각자의 책을 읽는 것이지요. 집에 인공지능 스피커가 있다면 온 가족이 들을 수 있도록 정해진 시간에 알람을 맞추어놓아도 좋습니다.

일주일에 한 번, 30분이니까 쉽게 생각할 수도 있습니다. 하지만 온 가족이 보던 휴대전화를 내려놓고, 텔레비전을 끄고, 하던 설거지를 그만두고 동시에 책 읽기를 시작하는 것은 생각처럼 간단하지 않습니다. 특히 부모들은 놀던 것도 아니고, 하던 일 마저 하고 갈 테니 먼저 읽고 있으라고 하기 쉽습니다. 그래서는 안 됩니다. 온 가족이 한자리에서 다 같이 책을 읽는 분위기를 만드는 것이 중요하니까요. 부모가 참여하지 않으면 아이들은 책을 읽을 동력을 잃게 됩니다.

　처음에는 평소와는 조금 다른 분위기를 만드는 것도 좋습니다. 음료수와 간식을 준비하고 카페처럼 잔잔한 음악을 틀어놓는 것이지요. 반드시 음악이 있어야 하는 것은 아닙니다. 아이들에게 새로운 기분을 느끼게 해주는 것으로 충분합니다. 책을 읽기도 전 준비 단계에서 부모가 벌써 지쳐버리면 안 되니까요.

독서 동력 잃지 않는 법

일주일에 한 번, 30분 독서가 순조롭게 진행되면 시간을 1시간으로 늘리거나 횟수를 2번으로 늘립니다. 시간과 횟수는 각 가정의 사정에 따라 적절하게 조절합니다. 매일 가족 독서를 하고 싶은 마음이 들겠지만 각자의 스케줄 때문에 지키지 못하는 날이 있게 되고, 그렇게 되면 가족 독서의 동력을 잃게 될 우려도 있습니다.

　물론 최종 목표는 빠지는 가족이 있더라도 다른 가족들끼리 어김없이 시간에 맞추어 책을 읽는 것입니다. 아이가 상급 학교에 진학하거나 특별활동을 하느라 학기 중에 시간을 맞추기 힘들다면 방학 때만이라도 매일 정해진 시간에 모여 읽는 것도 방법입니다.

가족이 다 같이 둘러앉아 조용히 책을 읽는 순간은 참으로 평화롭습니다. 처음에는 투덜대던 아이들도 횟수가 거듭되면 자연스럽게 자리에 앉아 책에 몰두합니다. 아무 소리나 몸짓, 대화가 없어도 무언가를 함께하고 있다는 충족감은 가족 독서에서만 느낄 수 있는 기쁨이 아닐까 합니다.

이벤트처럼 즐기는 가족 독서

가끔 날씨가 좋으면 돗자리나 텐트, 간식을 챙겨서 야외로 나가보세요. 벚꽃이 흐드러지게 핀 봄날 벚나무 아래 돗자리를 깔고 누워 흩날리는 꽃비를 맞으며 책을 읽는 것은 잊을 수 없는 경험이 될 것입니다. 여름날 계곡으로 나들이가 졸졸 흐르는 계곡물에 시원하게 발을 담그고도 책을 읽어보세요. 가을에는 단풍이 든 나무 사이에 파묻혀 책을 읽어보세요. 나와 자연이 하나 된 느낌이 들 것입니다.

굳이 애써서 멀리, 멋진 곳으로 가려고 하지 않아도 됩니다. 동네 김밥집에서 김밥 몇 줄 사거나 과자 몇 봉지 사서 가까운 공원에만 가도 색다른 기분을 느낄 수 있습니다. 아이들은 뛰어놀다 와서 책 몇 장 읽고, 그리고 또 뛰어놀러갈 수도 있지요. 뇌는 신체 활동 후에 더욱 활발히 작동합니다.

책 몇 권을 차에 비치해두는 것도 좋습니다. 우연히 좋은 장소를 만나면 차를 세우고 독서를 즐기다 돌아올 수 있습니다.

가족 독서를 할 때 중요한 것은 가족이 다 함께 몰두하는 기쁨을 느끼는 것입니다. 각자가 흩어져서 자기 할 일을 하는 것이 아니라 한 장소에서 가치 있는 것에 몰두하면서 소속감을 느끼는 것입니다. 함께 책 읽는 가족이라는 자부심도 느끼게 될 것이고요.

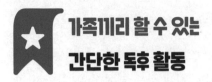

가족끼리 할 수 있는 간단한 독후 활동

독서 대화 시작하기

함께 책을 읽으면 그다음 단계인 독서 대화로 나아갈 수 있습니다. 독서 대화란 독서 토론처럼 찬반을 가르는 것이 아니라 각자가 읽은 책에 대해 이야기를 나누는 것입니다.

책을 읽고 나서 무슨 이야기를 할까 고민하지 않아도 됩니다. 처음에는 가장 마음에 드는 문장을 하나 골라서 말해봅니다. 쓰는 것이 아니니 아이들도 덜 부담스럽습니다. 말을 하다보면 그 문장이 왜 마음에 들었는지 자연스럽게 이야기하게 되지요. 부모도 아이들의 말만 듣는 것이 아니라 책에서 어떤 부분이 마음에 들었고 왜 그랬는지 진솔하게 이야기합니다.

순조롭게 진행되면 다음 독서 대화 때는 새로이 알게 된 사실을 물어봅니다. 전에 몰랐다가 깨달은 것이라든지, 알고 있었더라도 이번 기회에 관심을 갖게 된 것을 물어보면 됩니다.

그다음 단계로는 책에 나온 내용 중 내가 실천할 수 있는 것이 있는지 물어봅니다. 아이가 저학년이라면 임정자의 『내 동생 싸게 팔아요』를 읽고 동생이랑 싸우지 않고 사이 좋게 지내야겠다는 대답을 할 수 있을 것입니다. 고학년이라면 『모모』를 읽고 다른 사람이 이야기할 때 눈을 들여다보며 경청하는 태도를 익혀야겠다고 말할 수 있겠지요.

독서 대화를 할 때 주의할 점은 아이에게 가르치려는 자세로 이야기해서는 안 된다는 것입니다. 동등하게 책을 읽은 사람으로서 자신의 감상을 이야기해야 하지요. 아이들이 말을 할 때도 평가하는 태도로 들으면 안 됩니다. 매번 부모가 자신을 평가하고 가르치려 들면 나오려던 말도 들어가버립니다. 자신의 생각을 자유롭게 말하지 못하면 독서 대화에 흥미를 느끼기 힘들지요.

다음은 독서 후에 할 수 있는 대표적인 질문입니다. 독서 대화 때뿐만이 아니라 아이가 책을 읽고 있을 때, 혹은 평소에 지나가다 물어볼 수도 있지요.

✼ 언제 어디에서 일어난 일이야?

✼ 끝날 때 어떻게 끝나?

✼ 너는 그 결말이 마음에 드니?

✼ 만약 네가 이 이야기를 다시 쓴다면 고치고 싶은 부분은 어디야?

✼ 등장인물 중 누가 제일 마음에 들어?

✼ 주인공은 어떤 사람이야?

✼ 등장인물 중 주변 사람이랑 닮은 사람이 있니?

✼ 이 책에 점수를 몇 점 주고 싶어?

✼ 이 책을 누구한테 소개해주고 싶어?

✼ 이 책은 누가 좋아할 것 같아?

✼ 작가가 하고 싶은 말이 무엇인 것 같아?

✼ 이 작가가 쓴 다른 책도 읽어보았니?

✼ 너라면 어떤 제목을 지을까?

✼ 책에 이해 안 되는 부분 있었니?

책 판매왕을 뽑아라!

가끔은 색다른 이벤트를 할 수도 있습니다. 각자가 읽은 책을 가족 앞에서 광고합니다. 어떤 점이 좋은지, 어디에 도움이 되는지, 누구에게 도움이 되는지 홈쇼핑의 쇼호스트처럼 멋지게 자랑해봅니다. 원고를 적어서 읽어도 좋고 외워서 해도 좋겠지요.

투표권은 일인당 2장씩 부여합니다. 혹은 1,000원짜리 2장씩 가지고 해도 실감납니다. 부모는 아이들의 성향에 따라 자신의 표를 적절하게 사용하는 것이 좋습니다. 가장 많은 표를 얻은 사람에게는 약간의 상금이나 미리 준비한 작은 선물을 줍니다.

추천하기, 같이 읽기

아이들에게 읽은 책 중 부모가 읽었으면 하는 것을 추천해달라고 하세요. 아이는 책 속의 상황에 자신의 처지를 대입하고 등장인물에 이입합니다. 너무 재미있어서 엄마 아빠한테 추천하고 싶은 책도 있지만, 이해받지 못하는 자신의 마음을 책 추천으로 에둘러 표현할 수도 있습니다. 아이가 추천한 책을 읽은 후 함께 모였을 때, 추천한 이유를 말해 달라고 합니다. 부모는 아이가 말로 표현하지 못한 부분까지 이해하려고 세심하게 노력해야 합니다. 그리고 그 노력의 마음을 담아 감상을 이야기합니다.

가족 독서를 할 때 처음에는 각자 가져온 책을 읽다가 나중에는 같은 책을 읽는 것도 의미가 있습니다. 같은 책을 읽더라도 살아온 인생과 가치관에 차이가 있기 때문에 받아들이는 것이 다르지요. 같은 책을 읽게 되면 그다음 단계인 독서 퀴즈나 독서 토론으로 나아갈 수 있습니다. 같은 책을 읽고 독서 대화를 하면 나누는 내용이 더 깊이 있어집니다.

긴 책을 읽는 것이 부담스럽다면 동시집을 읽는 것을 추천합니다. 동시집 안에는 수십 편의 시가 들어 있지만 비교적 짧은 시간 안에 읽을 수 있어 부담이 덜합니다. 같은 동시집을 읽고 가장 마음에 드는 시 두세 편을 고릅니다. 아마 각자 다른 시를 고르겠지요. 각자 좋아하는 시를 이야기하고 그 이유를 말하는 것도 흥미 있는 경험이 됩니다.

같은 책을 읽고 가족끼리 독서 골든 벨을 할 수 있습

니다. 스케치북이나 연습장을 준비합니다. 돌아가면서 문제를 내고, 나머지 가족은 정해진 시간 안에 답을 써서 보여주는 것이지요. 가족끼리 하는 것이니 틀렸다고 탈락시킬 필요는 없지만 점수는 기록하는 것이 좋습니다.

책 읽고 퀴즈 내기

초등학교 교사인 김성현 선생님이 알려준 재미있는 방법을 소개합니다. 메모지를 10장씩 나누어 가진 뒤에 한 장당 한 문제씩 씁니다. 메모지에는 출제 근거가 된 책의 페이지와 정답을 적습니다. 문제에 대한 논란이 생겼을 때, 책을 찾아보기 위해서지요. 그리고 추첨함을 준비하고, 안에 가족들 이름이 적힌 메모지를 넣습니다. 모든 가족이 문제를 다 적으면, 자기 앞에 메모지를 한 번 접거나 뒤집어 10개를 늘어놓습니다.

아빠부터 시작한다고 하면, 아빠는 추첨함에서 종이를 1장 뽑습니다. 아들을 뽑았으면, 아들 앞에 놓여 있는 메모지 10장 가운데 1장을 선택합니다. 그러면 아들은 메모지의 문제를 읽어주고, 아빠는 20초 이내에 문제를 맞혀야 합니다. 만약 아빠가 못 맞히면 나머지 가족이 선착순으로 도전할 수 있습니다. 아들은 답을 맞힌 사람에게 문제가 적힌 메모지를 줍니다. 마지막에 메모지를 가장 많이 갖고 있는 사람이 이기는 것이지요.

문제는 자유롭게 내되 너무 지엽적인, 예를 들어 연도를 묻는 문제 같은 것은 피합니다. 논란이 있는 문제를 내서 아무도 맞히지 못하면 그 메모지는 출제자가 가져가고, 출제자에게는 마이너스 점수를 줍니다.

문제를 내려면 책을 열심히 읽어야 합니다. 그리고 그 안의 의미도 파악해야 하지요. 책에 관한 문제를 만들어보면 책을 더 깊이 이해하고 적극적으로 읽게 됩니다. 여러 번 되풀이해보면 좋은 문제와 나쁜 문제를 구분할 힘이 생기고 질문의 수준도 점점 높아집니다.

독서 토론할 때 주의할 점

책에 나온 어떤 사건이나 주제를 정해 찬반 토론을 할 수도 있습니다. 이때 중요한 것은 아이를 존중하는 것입니다. 부모의 권위로 제압하려 하면 안 됩니다. 아이는 아무래도 논리가 부족하기 쉽습니다. 아이의 생각을 비웃거나 무시하는 것은 생각의 싹을 자르는 일입니다. 아이가 성장하는 것을 격려해주고 자존감을 키워주려면 사소한 의견이라도 긍정적으로 받아들여주어야 합니다.

어느 정도 경험이 쌓이면 아이에게 발제를 맡길 수 있습니다. 부모와 나누고 싶은 이야기나 질문을 생각해와야 한다면 더욱 열심히 책을 읽겠지요.

영수합 서씨의 가족 독서법

조선 시대 영수합令壽閤 서씨는 여자가 글을 배우면 단명한다는 조모의 반대로 정식으로 글을 배우지 못했습니다. 하지만 남동생들이 공부할 때 어깨너머로 글을 깨쳤고, 결혼 후 자녀들에게 글뿐만 아니라 수학까지도 직접 가르쳤지요.

잠자리에서는 유교 경전을 들려주고 시간이 날 때마다 자식들과 마주 앉아 책에 대해 이야기했다고 합니다. 자식들이 관직에 나간 뒤에도 다 함께 영수합 서씨 앞에 빙둘러앉아 유교 경전과 역사서에 대해 토론하는 것을 그치지 않았습니다.

아들딸 가리지 않고 함께 시를 짓고 글도 썼지요. 영수합 서씨는 남편과도 꾸준히 시를 주고받았습니다. 부부가 나눈 시는 조선 유일의 부부 문집으로 남았습니다. 아들 홍석주는 대제학과 좌의정을 역임했고, 홍길주는 뛰어난 문장가이자 학자로 이름을 날렸으며 홍현주는 정조의 사위이자 장서가로 유명합니다. 맏딸 홍원주는 시인으로 지금까지도 그의 시들이 전해집니다.

가족 독서의 진짜 이유

가족 독서의 이유는 단지 더 많은 책을 읽게 하려는 것이 아닙니다. 아이들이 책 읽는 분위기에 친숙해지고, 독서를 즐기고, 부모와 판에 박힌 생활 대화에서 벗어나 깊이 있는 대화를 할 기회를 만들기 위해서입니다.

아이와 나누는 대화를 통해 부모는 미처 몰랐던 아이의 생각을 알 수 있게 됩니다. 게다가 아이가 변화하고 성장하는 것을 공유할 수 있습니다. 아이의 변화를 파악하지 못하다가 사춘기에 접어든 나중에야 당황하는 부모가 많습니다. 평소에 아이와 대화를 나누고 아이의 성장을 감지했다면 아이의 변화를 대비할 수 있을 것입니다.

　깊은 대화를 나누면 아이도 부모를 이해하는 폭이 넓어집니다. 사고의 깊이와 폭, 세상을 보는 시선이 달라지기 때문이지요. 바로 우리가 책을 읽고, 또 아이들에게 읽히려고 애쓰는 이유입니다.

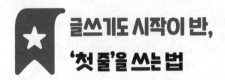

글쓰기도 시작이 반, '첫 줄'을 쓰는 법

생각의 힘이 크기 전엔 글쓰기가 힘들다

글을 못 써서 끙끙거리는 아이들을 보면 답답한 기분이 들곤 합니다. 어려운 글을 쓰라고 하는 것도 아닌데 공책 한 바닥 가득 척척 써내지 못하는 것이 이해되지 않을 때도 있지요. 하지만 어쩌면 이런 불평은 부모가 항상 무엇인가를 읽고 써내야 하는 아이들의 삶을 살지 않기에 나오는 것일지도 모릅니다.

아이들은 공부도 잘 해야 하고 운동도 잘 해야 하고 피아노도 잘 쳐야 합니다. 학교나 가정에서 요구하는 것이 참으로 많지요. 그것에 더해 글쓰기도 잘 해야 하니 어깨가 무겁습니다. 초등학생이 독서를 싫어하는 1위가 독후감 때문이라는 조사 결과도 있습니다.

하지만 글쓰기가 생각을 깊게 하고 아이를 성장시키는 필수적인 도구임을 외면할 수 없습니다. 힘들어 한다고 내버려둘 수는 없습니다. 어렵다는 것을 인정하고 천천히 한 발 한 발 여유를 갖고 가야 합니다.

아직 생각하는 힘이 크지 않은 아이들의 글은 대부분 고만고만합니다. 일기를 쓰라고 해도 있었던 일을 나열하는 것에 그칩니다. 생각을 쓰라고 하면 마지못해 마지막에 '참 재미있었다', '참 맛있었다', '다시는 싸우지 말아야겠다'라는 식으로 추가하지요.

그렇기에 저학년 때부터 시작해서 천천히 생각을 확장해주어야 합니다. 만약 글쓰기가 저학년 때의 상태를 벗어나지 못한 고학년이라면 역시 쉬운 단계부터 차근차근 밟아 올라갑니다.

좋아하는 문장에 밑줄 치기

가장 쉬운 방법은 책을 읽고 제일 마음에 드는 문장, 혹은 인상 깊었던 문장에 줄을 치게 하는 것입니다. 그리고 그 부분을 낭독하게 합니다. 따로 마련한 독서록에 날짜와 제목을 적은 후 그 문장을 적습니다. 문장 한두 개 정도는 아이들에게도 그렇게 부담스럽지 않습니다.

독서록에 매일 한두 문장씩을 적는 습관을 들입니다. 이런 습관을 들이는 데는 독서 일지가 유용합니다. 일지에 '문장 적기'라는 항목만 포함하면 되니까요. 책을 읽고 인상 깊은 문장을 적는 습관이 정착되었다 싶으면 그 문장이 왜 마음에 드는지, 혹은 왜 기억에 남는지 물어봅니다.

예를 들어 『알리바바와 40인의 도둑』에서 아이가 다음과 같은 문장에 줄을 치고 낭독한 후 독서록에 적을 수 있지요.

"아름다운 모르기아나에게 홀딱 반한 두목 역시 지갑을 꺼내려고 몸을 구부렸을 때였어요. 모르기아나는 눈 깜짝할 사이에 두목을 찔렀어요."

그러면 부모는 묻습니다.

"왜 이 장면이 기억에 남니?"

"두목이 그래도 금화를 주려고 했는데 죽어서 불쌍해요."

"그럼 불쌍한 생각이 들었다는 그 마음을 적어볼까?"

아이는 기억에 남는 문장을 적은 아래에 다음과 같이 쓸 수 있습니다.

"모르기아나가 자기를 죽이려고 했는데 그것도 모르고 두목이 금화를 주려고 했다가 죽어서 불쌍하다."

한 문장에만 꽂히는 아이

같은 책을 반복해서 읽어도 마음에 드는 문장은 매번 다르게 찾을 수 있습니다. 문장이 바뀌면 질문도 바뀝니다. 아이가 마음에 드는 문장을 찾지 못한다고 해서 다그치지 마세요. 부모가 질문을 던져 아이가 다른 생각을 하도록 도와주면 됩니다.

예를 들어 아이가 오스카 와일드Oscar Wilde의 「이기적인 거인」을 읽고 매번 거인이 흰색 꽃송이로 덮인 채 숨을 거둔 장면을 선택한다고 합시다. 그 장면에 대해서도 다양하게 질문을 던져줄 수 있습니다.

"죽을 때 거인은 기분이 어땠을까?"

"왜 몸이 흰색 꽃송이로 덮여 있었을까?"

"거인이 죽은 것을 발견한 동네 아이들은 기분이 어땠을까?"

"이제 거인이 죽고 없는데 이 정원은 어떻게 될까?"

다양한 질문을 하며 마음에 드는 문장을 하나둘 늘려 갑니다. 사실 처음부터도 아이의 마음에 드는 문장은 단 하나뿐이 아닙니다. 여러 개가 있지만 다 적을 수 없어서 하나만 선택하는 것이지요.

아이가 마음에 드는 문장을 여러 개 고르면 적절한 질문을 던져줍니다. 아이가 대답한 것을 글로 적도록 하면 되지요. 만약 아이가 말은 잘 해놓고 적을 때 머뭇거리면 대답한 것을 상기시키며 적절히 도와줍니다.

아이가 읽은 모든 책을 이렇게 기록하는 것은 지양해야 합니다. 쓰는 것이 부담스러워지면 책 읽기 자체가 싫어질 수도 있으니까요. 한두 문장 적기와 생각 추가 정도만 매일 해도 충분합니다.

　문장을 낭독하고, 부모가 질문하고 아이가 답하는 과정을 책 한 권에 걸쳐서 하면 안정적인 글쓰기 분량을 확보할 수 있습니다. 한 문장 고르기와 생각 쓰기 훈련은 나중에 다른 글쓰기를 할 때도 유용합니다.

글쓰기 전에 말하기부터

문장 고르기 외에도 책에 대해 이야기 나눈 후 글을 쓰는 방법이 있습니다. 가족 독서를 하고 독서 대화를 하면 다양한 의견을 말하게 됩니다. 아이에게 말하기는 일종의 연습 도구입니다. 생각하는 방법을 배우기 위해 꼭 필요한 과정이지요. 입에서 말이 나오는 것과 동시에 아이는 자기의 생각을 귀로 한 번 더 확인하게 되지요. 한 번 말하고 나면 생각이 정리되어 글로 쓰기가 수월합니다.

　친구들과 독서 토론을 한 후에도 마찬가지입니다. 친구들과 토론을 하면 자기 의견을 이야기하는 한편 친구들의 의견을 들을 수 있습니다. 친구들의 생각을 들으며 자신의 생각을 바꿀 수도 있고, 자신의 생각에 친구들의 의견을 더해 글을 더 탄탄하게 할 수도 있습니다. 결과적으로 더 많은 생각이 마음에 남습니다.

　　말을 했다고 그것을 바로 글로 옮길 수 있는 것은 아닙니다. 말을 잘 하는 아이라고 글을 잘 쓰는 것은 아니니까요. 이럴 때는 아이가 하는 말을 엄마가 받아 적습니다. 그리고 그것을 아이에게 소리 내어 읽어보도록 합니다. 자신이 한 말을 다시 읽으면서 글을 고치고 다듬을 수 있습니다. 다른 공책에 그것을 옮겨 쓰도록 하면 아이의 생각이 반영된 글이 완성됩니다.

다양한 방식으로 편지 쓰기

독서 감상문을 쓸 때 작가에게 편지 쓰기, 주인공에게 편지 쓰기는 빠지지 않는 방법입니다. 받을 대상이 정해져 있는 글은 비교적 쉽게 쓸 수 있지요. 하지만 이런 경우 대체로 아이들은 생각을 깊게 발전시키지 못하고 일방적인 궁금증만 늘어놓습니다. 특히 주인공에게 쓸 때는 주인공의 훌륭한 점을 칭찬하며 자신의 부족한 점을 자책하지요. 예를 들어『플랜더스의 개』를 읽고 주인공 넬로에게 편지를 쓰라고 하면 이런 식입니다.

넬로, 어쩌면 너는 그렇게 착하니? 힘들게 우유 배달
을 하며 할아버지를 돕다니, 나는 절대 그렇게 못 할
거야. 그리고 그렇게 못된 코제 씨의 지갑을 찾아주
다니. 나 같으면 그 지갑을 갖고 멀리 도망갔을 텐데.
나도 이제는 너를 본받아 착하게 살아야겠어.

좀더 색다른 생각을 해보고 싶다면 책 속의 인물이 되
어 편지를 써보세요. 코제 씨가 넬로에게 참회하며 쓰는 편
지는 어떨까요? 혹은 파트라슈가 말을 할 수 있었다면 넬
로에게 뭐라고 했을까요? 그렇게 코제 씨나 파트라슈의 입
장에서 편지를 쓴다면 책에 좀 더 깊이 빠져들 수 있을 것
입니다.

책을 추천하고 싶은 친구나 가족에게도 편지를 쓸 수
있습니다. 이 책을 소개하고 추천하는 이유, 읽고 나서 같
이 이야기하고 싶은 것 등을 쓰면 더 좋은 글이 되겠지요.

다른 사람의 입장 되어보기

편지 쓰기와 비슷하게, 등장인물의 입장에서 일기를 쓰는
방법도 있습니다. 주인공의 시선에서 쓰는 것도 좋고 조연
이나 악역의 입장에서 쓰는 것도 좋습니다. 『콩쥐팥쥐』의
팥쥐는 어떤 마음이었을까요? 아이와 이야기를 나누어보
고 팥쥐의 입장에서 일기를 써보게 하세요.

엄마가 재혼을 했다. 이 집에는 나 말고 또 다른 아이
가 있다. 콩쥐라는 아이다. 엄마가 재혼을 하기 전까
지는 먹을 것이 없어서 배고프게 살았는데, 여기 오
니까 참 좋다. 그런데 우리가 그렇게 고생을 하는 동
안 콩쥐는 잘 먹고 잘 살았겠지? 얄미워 죽겠다.

아니면 이렇게 숨어 있는 이야기가 있을 수 있지요.

엄마는 콩쥐가 너무 곱게만 자라서 일을 하나도 못
한다고 걱정을 한다. 큰살림을 꾸리려면 일을 잘 해
야 하는데. 그래서 남들이 보기에 엄하게 교육을 시

킨다. 좀 걱정이 된다. 엄마 속도 모르고 동네 사람들
은 엄마를 못된 계모라고 욕한다.

처음부터 글을 술술 잘 쓰는 아이도 있지만 대개는 그
렇지 않습니다. 글이라는 것은 생각을 지면에 옮겨놓은 것
이기 때문에 우선 아이가 생각을 하도록 도와주어야 합니
다. 조금씩 생각을 확장할 수 있게, 그리고 자신의 생각을
자신의 귀로 확인하고 글로 옮길 수 있게 도와주세요.

논리적인 글쓰기를 도와주는 몇 가지 팁

글에도 '구조'가 있다

내용 중심으로 글을 쓰는 것이 익숙해지면 그 내용을 구조 안에 짜 맞출 수 있도록 합니다. 구조라는 것은 틀을 말하지요. 틀 안에 내용을 효과적으로 넣으면 좀더 탄탄하고 입체적인 글이 됩니다.

독서 감상문을 쓸 때 처음에는 간단하게 처음, 가운데, 끝의 3단계로 나누어 봅니다. 이 3단계는 다른 말로 서론, 본론, 결론이라고 할 수 있습니다. 처음 부분에는 다음과 같은 내용을 씁니다.

✿ 이 책을 읽게 된 계기

✿ 책 제목을 듣고 예상했던 내용

✿ 책을 처음 보았을 때의 느낌

가운데 부분에는 다음과 같은 내용이 들어갑니다.

✿ 저자가 글을 쓴 의도

✿ 줄거리 요약

✿ 문제 해결 방법

✿ 가장 흥미로웠던 사건

✿ 책을 읽고 느낀 점

✿ 책을 읽고 알게 된 점

✿ 책을 읽으면서 떠오른 자신의 경험

끝부분에는 다음과 같은 내용을 씁니다.

✿ 책을 읽고 더 궁금해진 것

✿ 읽어보고 싶은 다른 책

✿ 가장 강하게 남는 여운

✿ 전체 독후감의 최종 정리

위의 내용을 전부 다 적으라는 것이 아닙니다. 필요한 사항들을 적절하게 조합해서 쓰면 됩니다.

책의 내용에 따라 독후감도 달라진다

책의 분야별로 독후 감상문도 달라집니다. 과학책은 과학의 특성이, 역사책은 역사의 특성이 나타나야 합니다. 과학책을 읽었다면 이렇게 쓰면 좋습니다.

✿ 책의 내용 소개
✿ 책을 통해 새롭게 알게 된 사실
✿ 새로운 사실을 알게 되었을 때의 느낌
✿ 전에 읽었던 책과의 연관성
✿ 책을 읽고 나서 생긴 궁금증과 호기심
✿ 책에서 다룬 과학적 원리가 활용되고 있는 예
✿ 미래 그 분야의 발전 방향

위의 사항을 다 쓴다면 좋겠지만 아이에게 강요하기는 어렵지요. 하지만 책의 내용, 책을 통해 새롭게 알게 된 사실, 책을 읽고 나서 생긴 궁금증과 호기심은 꼭 포함하도록 합니다.

위인전을 읽었다면 다음 내용이 포함되도록 합니다. 고학년이라도 깊이 생각하지 않으면 이 내용을 다 쓰는 것은 어렵습니다. 그중에서도 위인의 업적, 그 업적의 역사적 의미, 내가 본받고 싶은 점은 꼭 쓰도록 합니다.

- ✿ 위인의 업적
- ✿ 위인이 살았던 시대적 상황
- ✿ 위인 업적의 역사적 의미
- ✿ 위인의 업적이 오늘날에 끼친 영향
- ✿ 내가 본받고 싶은 점
- ✿ 위인이 나의 가치관에 준 영향

역사책을 읽었다면 독후 감상문보다는 실제 일어났던 일을 정리해보는 것이 좋습니다. 왜 그런 일이 일어났는지를 중심으로 다음과 같은 내용을 씁니다.

✠ 책을 읽고 알게 된 역사적 사실

✠ 역사적 사실의 인과 관계

✠ 사건과 인물에 대한 나의 생각

✠ 사건과 인물이 오늘날에 끼친 영향

사설을 이용한 글쓰기 연습

글쓰기의 구조를 훈련하는 데는 신문 사설이 큰 도움이 됩니다. 사설을 이용해 글쓰기 연습을 하는 것은 수십 년간 변하지 않는 권장 사항입니다. 우선 노트를 준비해 사설을 오려 붙입니다. 각 문단마다 가장 중요한 단어, 그러니까 그 문단의 핵심어에 빨간 동그라미를 치게 합니다. 그리고 각 문단에서 가장 중심이 되는 문장을 형광펜으로 표시합니다. 대체로 빨간 동그라미를 친 단어가 들어간 문장이 중심 문장입니다.

그다음 각 문단별로 내용을 요약합니다. 문단별로 한두 문장 정도면 됩니다. 문단별 요약이 끝났으면 전체 내용을 대여섯 줄 정도로 요약합니다. 그리고 사설을 읽고 난 후의 내 생각을 역시 대여섯 줄 정도로 씁니다. 마지막으로는 어려운 어휘를 사전을 찾아 정리합니다.

이렇게 꾸준히 훈련하면 글쓰기 실력이 비약적으로 성장합니다. 그러나 사설을 이용해 글쓰기를 하려면 사설을 읽고 이해할 수 있는 실력이 이미 갖추어져 있어야 하겠지요. 다양한 책과 신문을 읽어서 실력을 꾸준히 다져놓는 것이 필요합니다.

모방은 창조의 어머니

가끔은 다른 사람의 생각과 표현을 빌려 아이디어를 발전시킵니다. 시를 나만의 방법으로 바꾸어보는 것도 좋은 연습이 되지요. 시집 한 권을 읽은 후 마음에 드는 시를 고릅니다. 그리고 그 시를 재해석해 나만의 방법으로 써봅니다. 다음은 김용택 시인의 「콩, 너는 죽었다」라는 시입니다.

콩 타작을 하였다
콩들이 마당으로 콩콩 뛰어나와
또르르또르르 굴러간다
콩 잡아라 콩 잡아라

콩 잡으러 가는데
어, 어, 저 콩 좀 봐라
쥐구멍으로 쏙 들어가네

콩, 너는 죽었다

이 시를 이렇게 바꾸어 써봅니다.

술래잡기를 하였다
동생이 이 방, 저 방
폴짝폴짝 잘도 도망간다
거기 서라 거기 서라
동생 잡으러 가는데
어, 어, 쟤 좀 봐라
화장대 화장품이 와장창

동생, 너는 죽었다
그리고, 나도 죽었다

동생이 집 안에서 뛰어다니다 엄마의 화장품을 깹니다. '동생, 너는 죽었다'까지만 써도 되지요. 하지만 평소에 동생과 놀다 같이 추궁을 당하곤 했던 아이의 아찔한 심정도 드러나 원작에서 한 발짝 더 나아간 생각을 보여줍니다.

소재 찾기를 도와주는 연꽃 기법

글을 쓸 때는 소재도 중요합니다. 하지만 흰 종이를 앞에 두면 무엇을 써야할지 모르는 기분이 들곤 하지요. 그럴 때는 마인드맵을 활용하면 도움이 됩니다. 여기서는 마인드맵과 비슷하지만 좀더 체계적으로 아이디어를 정리할 수 있는 연꽃 기법을 소개합니다.

이 방법은 활짝 핀 연꽃 모양으로 아이디어를 전개해 나간다고 해서 그런 이름이 붙었습니다. 일본의 경영 연구소에서 문제 해결 대안을 다양한 측면에서 찾으려는 목적으로 개발했으나 지금은 아이디어를 구조화해야 하는 여러 분야에서 쓰이고 있지요.

연꽃 기법을 활용하려면 우선 펜과 종이를 준비합니다. 그리고 다음의 순서를 따라 생각을 펼쳐보세요.

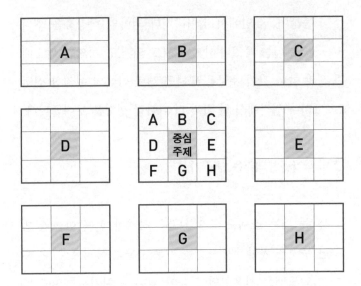

1. 3×3칸으로 된 사각형을 가로 3개, 세로 3개 배치
   해 총 9개를 그립니다.

2. 가운데 사각형의 중앙에 중심 주제를 씁니다.

3. 중앙에 쓴 문제를 해결하기 위한 다양한 관점을 중
   심 주제 주변에 기록합니다.

4. 중심 주제에 대한 하위 아이디어가 다시 주변에 있
   는 사각형의 중심 주제가 됩니다. 위의 표에서 중

심 주제 주변의 A부터 H가 다시 주변 사각형의 중
심 주제가 되는 것입니다.

5. 8개의 하위 주제에 대해 8개씩 아이디어를 생각해
칸을 채워나갑니다. 비현실적이거나 터무니없어
보이는 아이디어도 거르지 말고 모두 적습니다. 좋
은 결과를 내려면 가능한 한 많은 아이디어가 필요
하기 때문입니다. 다른 주제에 있는 아이디어와 겹
쳐도 괜찮습니다.

6. 가운데 있는 문제를 해결하기 위한 총 64개의 아
이디어를 서로 조합해 최선의 대안을 창출합니다.

예를 들어 방학 계획에 대한 글을 쓴다고 합시다. 그
러면 방학 때 하고 싶은 일을 8개 적습니다. 그리고 그 8개
를 주변 사각형의 중앙에 옮기고 떠오르는 생각들을 적습
니다. 이렇게 작성된 표를 보고 글의 소재를 다양하게 찾을
수 있습니다.

뒤의 표는 연꽃 기법을 활용해 방학 계획에 대해 아이
디어를 정리한 것입니다.

물놀이	선물	안마
마당	할머니 댁	수박
강아지	연못	눈사람

농구	일찍 자기	스트레칭
우유	키 크기	줄넘기
골고루 먹기	채소	침대

허팝	유튜버	공대생
실험	유튜브 찍기	구독자
카메라	핸드폰	돈

모기	텐트	물놀이
숯불	캠핑	짐
고기	해먹	낮잠

할머니 댁	키 크키	유튜브 찍기
캠핑	방학 계획	게임
영어 공부	수영장	책 50권

마크	브롤	패밀리 링크
끝판왕	게임	현질
만렙	준우	자동차

DVD	선물	일지
디즈니	영어 공부	미국
책	연따	집중 듣기

캐리비안 베이	튜브	생일 파티
오션 월드	수영장	물안경
수영복	물총	물놀이

위인전	도서관	그림책
동화	책 50권	삼국 유사
마틸다	독서록	로알드 달

✿ 사각형 8개를 추가하기 전 단계에서 방학 계획 8가지 전부를 하나하나 간단히 언급하는 정도로 쓸 수 있겠지요. 이번 여름방학 때는 키 크기, 책 50권 읽기, 영어 공부하기가 목표고 할머니 댁, 수영장, 캠핑장에 갈 것이라는 기대, 유튜브 동영상을 찍고 게임도 한다는 계획을 짧게 쓸 수 있습니다.

✿ 글이 길어지겠지만, 방학 계획 8가지 전부에 대해

세부석으로 쓸 수 있습니다. 할머니 댁에 가서 무엇을 할 것이며, 키가 크려면 어떤 노력을 해야 하고, 캠핑장에 가서 어떤 경험을 할 것인지 등을요. 하지만 이런 나열보다는 다음과 같은 깊고 자세한 내용이 더 바람직합니다.

✿ 잘 보면 물놀이가 3번 등장합니다. 아무래도 이 계획을 쓴 아이에게 여름에 가장 기대되는 것이 물놀이인가 봅니다. 그러면 물놀이를 중심으로 글을 쓸 수 있겠지요. 다양한 곳에서의 물놀이를 비교하는 글, 혹은 장단점을 분석한 글을 쓸 수 있습니다.

✿ 겨울방학 때 할머니 댁에서 눈사람을 만들며 재미있게 놀았다면, 여름방학 때도 할머니 댁에 가는 것이 기대되겠지요. 할머니 댁에서의 추억과 다가오는 여름방학에 대한 설렘을 글로 쓸 수 있지요.

✿ 로알드 달Roald Dahl의 『마틸다』를 재미있게 읽었나봅니다. 그렇다면 달의 다른 작품도 읽겠다는 결심을 쓸 수 있습니다.

✿ 아이가 저학년이라면 이렇게 제시한 모든 소재를 이용해 글을 쓰는 것은 힘들 수 있습니다. 그럴 때

는 8가지 하위 주제 중 가장 관심 있는 한 가지에 대해서만 씁니다. 예를 들면 할머니 댁을 선택해서 그와 관련된 8가지 아이디어로 글을 쓰는 것이지요. 마당에 연못이 있고 강아지를 키우는 할머니 댁에서 보낼 여름방학에 대해 쓰는 식이 됩니다. 할머니께 선물을 드리고 안마를 해드리겠다는 결심도 함께 쓸 수 있습니다.

여기서는 경험을 예로 들었지만 똑같은 방법으로 책을 읽고 나서의 감상을 정리할 수 있습니다. 그러면 내가 책을 통해 깨달은 것과 기존의 지식·경험이 합쳐지는 것을 눈으로 확인할 수 있지요.

이런 틀의 도움을 받으면 글을 비교적 쉽게 완성해낼 수 있습니다. 어디로 뻗어나갈지 모르는 생각을 다듬어주기도 하지요. 부모도 아이와 함께 직접 해보세요. 연꽃 기법은 일상생활의 여러 면에 도움이 됩니다.

'나의 글'을 쓰는 아이

글쓰기 레벨을 높이는 법

글쓰기가 익숙해지면 굳이 틀에 맞추려고 노력하지 않아도 자연스럽게 구조적인 글을 쓸 수 있게 됩니다. 이미 많은 글을 읽었고 직접 써보았기 때문에 몸에 배게 되는 것이지요.

독서와 글쓰기가 어느 정도 숙달된 아이를 위해 고등학교 국어 교사인 송승훈 선생님의 방법을 소개합니다. 이 방법은 매끄럽고 자연스러운 글이 어떤 것인지 아이가 직접 경험하고 느낄 수 있게 도와줍니다.

◼ 1단계: 이야깃거리 만들기

1. 책 읽기: 책에서 인상 깊은 내용을 5가지 쓰고 각각 3줄씩 설명을 답니다.

2. 세상과 연관 짓기: 책과 관련된 세상일을 3가지 찾아서 각각 4줄씩 설명을 씁니다.

3. 자신과 연관 짓기: 책과 연관된 자기 경험이나 생각을 2가지 쓰고 각각 5줄씩 설명을 씁니다.

이렇게 하면 모두 10가지 이야기 조각이 만들어집니다.

◼ 2단계: 구성하기

1. 이 10가지 이야기 조각에서 4가지를 뽑아서 한 줄로 늘어놓습니다. 가장 자연스럽게 이어지는 배열을 찾습니다. 이야기 배열을 이렇게도 만들어보고 저렇게도 만들어보면서 가장 느낌이 좋은 것을 고릅니다.

2. 이야기 배열을 찾으면, 이야기 조각마다 살을 붙여 더 구체적으로 씁니다. 그렇게 확장된 이야기 조각 4가지를 쭉 이어서 읽어봅니다.

3. 머리말에 해당하는 글을 씁니다. 그리고 맺음말에
　해당하는 글을 씁니다.

서울대학교 자기 소개서 4번 문항

서울대학교 자기 소개서 4번 문항을 중심으로 자신의 생각을 정리하는 방법도 소개합니다. 자신에게 가장 큰 영향을 준 책을 3권 이내로 선정하고 그 이유를 묻는 문항입니다. 단순한 내용 요약이나 감상이 아니라 읽게 된 계기, 책에 대한 평가, 자신에게 준 영향을 중심으로 기술하라고 되어 있지요. 서울대학교에서는 책을 읽을 때 이 3가지가 가장 중요하다고 보는 것입니다.

　　읽게 된 계기는 '우연히 도서관에서 눈에 띄어서', '친구가 추천해주어서' 같은 답을 요구하는 것이 아닙니다. 얼마나 이 분야에 관심이 있어서 적극적으로 이 책을 찾았는지가 중요합니다. 책에 대한 평가를 묻는 이유에는 그 평가가 부정적이든 긍정적이든 학생의 논리력과 사고력을 측정하겠다는 의도가 있습니다. 논리적인 근거가 정확해야 책에 대한 객관적이고 타당한 평가를 할 수 있기 때문이지요.

자신에게 준 영향을 쓰라고 하는 세 번째 부분에서는 이렇게 쓰기 쉽습니다.

> 책에서 ___한 부분이 ___해서 인상 깊었다. ___라는 내용을 몰랐는데 이 책을 통해 ___하다는 것을 알게 되어 놀랍고 신기했다. 이에 대해 더 찾아보고 공부하고 싶다.

이것은 서울대학교에서 쓰지 말라고 한 단순한 감상에 포함됩니다. 그러므로 책을 읽고 내 생각이 어떻게 변화했는지 곰곰이 생각해보아야 합니다. 변화된 내 생각이 실제로 내 행동에 어떠한 영향을 주었는지, 그래서 내 행동이 어떻게 변화했는지 씁니다.

만약 『백범일지』를 읽었다면 백범 김구의 행동을 본받고 싶다는 생각을 넘어 내가 실제로 어떻게 했는지 써야 합니다. 과학에 관련된 책을 읽었다면 단순히 새로 알게 된 사실을 기록하는 것에서 끝내지 말고, 새롭게 알게 된 사실에서 파생된 궁금증을 떠올려보아야 합니다. 그리고 그 궁금증을 해결하려고 다른 책을 찾아보거나 직접 실험을 해서 의문점을 해결했다는 내용을 써야 합니다.

서울대학교 자기 소개서 4번 문항의 핵심은 단순히 생각을 묻는 것이 아닙니다. 책을 읽은 것이 실제 내 삶에 어떻게 영향을 미쳤는지, 얼마나 능동적으로 독서 후 활동을 진행했는지를 묻는 것입니다.

좋은 사람이 좋은 글을 쓴다

좋은 글을 쓰려면 좋은 사람이 되어야 합니다. 왜냐하면 좋은 글은 글쓴이의 가치관이 잘 반영된 것이기 때문입니다. 책을 읽고 깨달은 것을 바탕으로 나는 어떻게 할 것인지 깊이 생각하고, 실제로 어떤 행동을 해서 삶을 바꾸었는지 나타낸 글이 울림을 줍니다. 독서의 목적은 단지 머릿속을 채우는 것에 있지 않습니다. 독서의 궁극적인 목적은 바로 아는 것을 실제로 적용하는 것이라고 할 수 있겠지요.

부모는 아이가 책을 읽도록 하는 데서 끝내는 것이 아니라 아이가 어릴 때부터 같이 책을 읽고 많은 대화를 나누어야 합니다. 부모도 아이도 깊은 사색을 하고, 그 사색을 토대로 행동을 바꾸어야겠지요. 내면에 풍부한 생각이 있는 아이는 마음에서 우러나는 감동적인 글을 쓰게 됩니다.

사춘기 아이를 위한 글쓰기

아이들은 초등학교 고학년이 되어 사춘기를 맞으면 부쩍 성장합니다. 생각이 깊어지면서 미래에 대한 기대와 불안감을 동시에 느끼게 되지요. 그럴 때 자신의 감정과 이야기를 글로 표현할 수 있도록 도와주세요. 글을 쓰려면 자신의 내면을 들여다보며 적절한 표현을 고심해야 합니다. 그렇기에 글쓰기는 자신과 주변에 대해 사색하는 좋은 기회가 되지요.

저는 어릴 때 기쁘거나 슬프거나 화가 나면 마음속의 감정을 일기장에 쏟아 넣었습니다. 성인이 되어서도 마음을 종잡을 수 없거나 문제가 생기면 감정과 상황을 일기에 적나라하게 적고는 했지요. 그러면 마음이 정리되면서 문제를 이성적으로 판단하게 되었습니다. 마음속에 돌아다니는 생각을 밖으로 꺼내어 정리하거나 번호를 매겨 분석하는 것은 눈에 보이지 않는 문제를 눈에 보이게 해줍니다. 그렇게 함으로써 해결의 실마리도 보이는 것이지요.

그렇다고 무조건 "네 생각을 한번 써봐"라는 것은 별로 도움이 되지 않습니다. 우선 공책 하나를 마련해서 마음에 드는 문장이 있으면 옮겨 적도록 해보세요. 간단한 감상이나 느낌도 적게 합니다.

그렇게 적다보면 사춘기에 접어드는 아이들은 감정이 풍부하기 때문에 자신도 모르게 마음속의 이야기들을 조금씩 표현하기 시작합니다. 글을 쓰면서 자신도 몰랐던 감정이 정리되기도 하고 그 감정의 근원을 깨닫게 되기도 하지요. 글을 쓴다는 것은 이렇게 치유의 효과를 발휘하기도 합니다.

이런 경우에는 글쓰기를 강요하기보다는 쓰고 있는지 확인하는 정도로 족합니다. 학교에서 일기 검사를 하던 시절을 생각해봅시다. 초등학교 고학년 정도가 되면 제출용 일기 따로, 진짜 일기 따로 쓰기도 했지요. 부모는 아이들의 성장에 맞추어 마음을 이해하고 그 감정을 글로 풀어낼 수 있도록 도와주어야 합니다.

블로그로 포트폴리오 만들기

블로그나 온라인에 글을 올리는 방법을 알려주는 것도 도움이 됩니다. 책을 읽고 감상을 블로그에 정리하거나 인터넷 서점에 서평을 올리는 방법이 있지요. 다른 사람의 관심을 받고 싶은 시기에는 누군가 내 글을 읽고 반응을 보여준다는 사실이 동기 부여가 되기도 합니다. 꾸준히 글을 올리면 방문자가 조금씩 늘어나지요. 공개와 비공개를 잘 선택하며 온라인 세상에서 소통을 해나가게 도와줍니다.

이런 글이 모이면 나만의 포트폴리오가 됩니다. 아이의 글이 어느 정도 모이면 책으로 만들어줄 수도 있습니다. 자기가 원하는 크기와 디자인으로 책을 만드는 것도 재미있는 경험입니다. 요즘은 개인 출판도 쉬워져서 큰 비용 들이지 않고 클릭 몇 번만으로 책을 만들 수 있습니다.

북토리booktory.com는 1부부터 제작할 수 있고 디자인이 깔끔합니다. 북퍼브bookpub.co.kr는 4부가 최소 제작 단위지만 그리 부담스러운 양은 아니고 주위에 선물로 나누어 주기에도 좋습니다. 이페이지epage.co.kr는 무료로 전자책을 만들어주는 대신 전자책을 판매 목적으로 온라인 서점에 유통합니다. 완성된 전자책을 파일로 받을 수는 없지만 자신의 글이 전자책으로 만들어져 온라인 서점이나 포털사이트에서 검색이 되는 기쁨을 누릴 수 있습니다. 아이이북

iebook.co.kr은 출판사 다산글방에서 운영하는 곳입니다. 비용은 다른 곳보다 높지만 아이가 블로그에 꾸준히 올린 글이 있다면 그 글을 책으로 만들어주는 상품을 이용할 수 있습니다.

특별한 날 아이에게 자기만의 책을 만들어준다면 의미 있는 선물이 됩니다. 꾸준히 인생을 기록해간다는 것은 다른 것과 바꿀 수 없는 좋은 습관입니다. 앞으로도 계속 글을 쓸 자극과 동기가 되는 것은 물론이지요.

6장

책으로 넓혀가는
세상

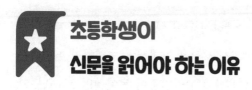

초등학생이
신문을 읽어야 하는 이유

'책'만 읽어서는 부족하다

독서라는 건 무엇일까요? 독서라고 하면 보통은 책 읽는 것을 떠올립니다. 하지만 한자 뜻풀이를 하면 '읽을 독讀'에 '글 서書'를 씁니다. 그러니까 독서란 글을 읽는 행위를 말합니다. 책의 형태를 갖추지 않은 것이라도 무언가 읽는다면 독서를 한다는 뜻이 되지요. 여기서는 책 말고도 도움이 되는 독서를 한 가지 소개하려 합니다. 바로 신문이지요.

우리는 왜 신문을 읽어야 할까요? 흔히 신문은 살아 있는 교과서라고 합니다. 교과서는 오랜 준비 과정과 꼼꼼

한 검수를 거쳐 탄생하지요. 확실하고 검증된 사항만 담겨 있다는 뜻이지만 최신 사항은 교과서로는 접하기 어렵다는 의미도 됩니다. 4차 산업혁명 열풍이 몰아치던 2016년, 교과서에서는 관련 내용을 찾을 수 없었습니다. 곧 관련 책들도 나왔지만 그보다 빠른 것은 신문이었습니다. 신문은 어제 일어난 일을 오늘 확인하게 해주니까요.

신문은 '사회의 창'이라고도 합니다. 우리가 살고 있는 사회를 볼 수 있게 해준다는 뜻이지요. 내가 살고 있는 곳이 어떤 곳이고, 또 어떤 시기에 어떤 사람들과 살고 있는지 시대상을 느끼게 해줍니다. 나는 사람들에 둘러싸여 있으며, 또한 끊임없이 변화하는 사회에 둘러싸여 있다는 것을 인식한다는 것입니다. 나는 가만히 있는 것 같지만 이 사회의 모든 부분이 서로 긴밀하게 연결되어 있고 영향을 주고받는다는 것을, 그리고 나 또한 사회의 한 부분이라는 것을 은연중 깨닫는다는 것입니다.

신문으로 최신 정보와 용어에 익숙해지기

신문은 최신 소식과 책의 내용을 연결해줍니다. 오며 가며 들었던 것을 책에서 발견하는 순간 활자로 박제되어 있던 내용이 현실감 있게 다가옵니다. 그런 경험이 되풀이되면 현재와 미래의 흐름을 읽을 수 있는 눈이 생기지요.

신문을 읽으며 다양한 정보를 접하면 어느 순간 그냥 흘려보냈던 뉴스들이 보이고 들리기 시작합니다. 아는 이름이 들리면 나도 모르게 귀가 쫑긋해지지요. 아는 내용들이 연결되며 더 넓은 세상을 보게 됩니다.

저의 작은아이는 세계적인 과학 저널 『네이처』를 신문을 통해 알았습니다. 신문이 아니더라도 텔레비전이나 책에서 『네이처』를 한 번 정도 보았을 수 있습니다. 하지만 그냥 스쳐지나갔겠지요. 그런데 신문에서는 새로운 이론이나 학설이 보도될 때 되풀이해 『네이처』를 인용하다보니 아이도 인지하게 된 것이지요.

봉준호 감독의 〈기생충〉이 아카데미상을 받았을 때, 그 중요성을 신문의 보도 분량을 보고 알 수 있었습니다. 시상식 다음 날 신문 1면 전체는 물론 2~5면까지 관련 기사로 도배가 되었고 그런 기세는 며칠 동안 이어졌지요. 어린이 신문에서도 2~3일 동안 〈기생충〉을 다루었습니다. 기사를 일일이 읽지 않아도 사회의 관심사, 사건의 경중을 한

눈에 파악할 수 있지요.

신문이 필요한 이유

어떤 문제가 있을 때, 혹은 어떤 사건이 벌어졌을 때 호기
심이 들면 어떻게 할까요? 내가 직접 알아볼 수도 있고, 다
른 사람을 통해 알아볼 수도 있지요. 하지만 미국의 시리
아 철군 문제가 궁금하다고 내가 시리아나 미국에 직접 갈
수는 없습니다. 중국과의 미세 먼지 문제 협의가 궁금하다
고 친구를 환경부나 중국에 보내서 알아오라고 할 수도 없
지요. 그 일을 대신 해주는 것이 신문입니다. 신문사에서는
기자들을 보내 다른 사람들 대신 발로 뛰게 하고, 취재를
바탕으로 기사를 쓰게 합니다.

우리는 또한 신문을 통해 다양하고 현실성 있는 인물
들을 만날 수 있습니다. 세종대왕의 말은 이미 몇백 년 전
에 기록되어 우리에게 전해져오고 있습니다. 그 내용은 변
하지 않고 새로이 추가되지도 않습니다. 하지만 우리는 현
시대의 유명인이나 영향력 있는 인물들이 전하는 새로운
메시지를 신문을 통해 접할 수 있습니다. 빌 게이츠Bill Gates

나 마크 저커버그Mark Zuckerberg나 조앤 롤링Joanne Rowling이 하는 말이나 선행은 사회에 울림을 주고 사람들을 생각하게 하곤 하지요.

사회 공부에 도움이 되는 신문 읽기

초등학교 사회 과목에서는 아이들이 생활에서 경험할 수 있는 범위를 벗어난 개념을 많이 다룹니다. 아이들은 중학년이 되어 사회 과목을 접하면서 갑자기 어려움을 느끼게 됩니다. 공주·모험·마법·성·우주 정복 같은 환상의 세계 혹은 선생님·친구·학교·축구·숙제 같은 일상만 접하던 아이들이 갑자기 생소한 세계에 맞닥뜨리게 되는 것이지요.

　　초등학교 4학년 사회 교과서를 보면 '대중매체를 이용한 경제적 교류', '저출산·고령화', '부당 해고' 같은 말이 등장합니다. '대중'이나 '매체'가 무엇인지, '경제'나 '교류'가 무엇인지도 모르는 아이들이 대중매체를 이용한 경제적 교류에 대해 공부해야 하는 것이지요. 그렇기에 우리를 둘러싸고 있지만 아이들은 인지하기 어려운 사회 현상들에 대한 개념을 미리 잡아놓을 필요가 있습니다.

신문은 모든 사람을 독자 삼습니다. 그렇기에 쉬운 내용부터 어려운 내용까지, 배추 가격부터 대통령 선거까지, 마을의 다리 공사부터 해외 유명 예술가의 공연에 이르기까지 우리의 삶을 폭넓게 다룹니다.

저는 어릴 때 신문을 마지막 페이지부터 넘겨 보았습니다. 가벼운 기사부터 쭉 보다가 알 수 없는 이야기가 가득한 정치나 경제면에 이르면 신문을 덮었지요. 그러나 지금은 1면부터 순서대로 넘기며 관심 있는 기사를 골라봅니다. 누구나 자기 입맛에 맞게 신문을 소화해낼 수 있다는 뜻입니다. 정치·경제·사회·문화·음악·미술·생활 지식에 이르기까지 자신의 관심사와 이해 수준에 따라 기사를 골라 읽을 수 있으니까요. 그렇게 쌓인 지식은 학교 수업을 받을 때도, 다른 책을 읽을 때도 유용한 배경지식이 되어줍니다.

신문을 읽으면 학교 성적이 오른다

한국신문협회에서 수여하는 '신문 읽기 스타상'을 수상한 팝페라 가수 임형주는 매일 15종의 신문을 구독한다고 합니다. 그는 만 24세에 『동아일보』 최연소 칼럼니스트가 되어 6년이나 칼럼을 연재하기도 했습니다. 칼럼을 쓰다 보니 글쓰기에 자신이 붙어 에세이집까지 냈지요. 임형주는 즉흥 연설도 잘 하고 어떤 주제에 대해서든 자유롭게 이야기할 수 있다고 합니다. 오랜 세월 다양한 책과 신문을 읽어오지 않았다면 불가능했겠죠.

소설가 은희경도 신문이 갈증을 해소해주는 샘물이자 세상을 알아가는 중요한 상상력의 다리라고 했습니다. 텔레비전 뉴스와는 달리 종합적 사고와 판단을 하게 해주고 자기 생각을 객관화하는 데 도움을 준다고 했지요. 영화배우 김수로도 신문 읽기가 어휘력을 늘리는 데 큰 도움을 주고 있다고 밝혔습니다.

2015년 한국직업능력개발원에서 낸 「독서·신문 읽기와 학업 성취도, 그리고 취업」 보고서는 책을 전혀 읽지 않아도 신문을 읽으면 평균 정도의 독서량과 유사한 성적 향상 효과가 있다고 밝혔습니다. 특히 소득 수준이 낮을수록 신문 구독 여부가 좋은 일자리와 임금에 영향을 크게 주었다고 합니다. 부모의 경제적 능력이 제한되어 있을수록 책과 신문은 아이의 미래에 영향을 미친다는 것이지요.

학교 교육과정에도 신문을 활용하는 교육이 포함되어

있습니다. 각 신문사에서도 신문을 교육과 접목하도록 다양한 프로그램을 제안합니다. 이렇게 신문을 교육에 이용하는 것을 NIE^{Newspaper in Education}라고 합니다.

아이가 초등학교에 입학하면 꾸준히 신문을 읽게 해주세요. 어린이 신문은 기사에 난이도별로 표시가 되어 있어 아이가 부담 없이 읽을 수 있습니다. 아이들 눈높이에 맞는 다채로운 기사가 실려 있어 관심을 끌기도 좋지요. 어른 신문에 실린 사설을 아이 수준에 맞게 풀어서 설명해주기도 합니다.

신문을 읽는
15가지 방법

신문으로 하는 게임과 활동들

아이 입장에서 신문은 '깨알같이 작은 글씨가 모여 있는, 어른들만 보는 알 수 없는 무엇'입니다. 좀더 쉽게 다가갈 수 있는 어린이 신문이 있지만 글씨가 평소 보던 책보다 작고 다닥다닥 붙어 있어 손이 가지 않을 수도 있습니다. 아이가 신문을 쉽게 접할 수 있도록 마음의 장벽을 허물어주어야 합니다. 놀이를 포함해 신문으로 할 수 있는 다양한 활동을 소개합니다.

■ 글자나 단어 찾기

아무 글자나 단어를 말하고 누가 더 빨리 찾나 내기합니다. 기사뿐만 아니라 광고에서도 찾습니다. 처음에는 글자로 시작했다가 익숙해지면 단어로 넘어가면 좋습니다.

■ 글자 오려 문장 만들기

각자 종이 한 장과 풀, 가위를 준비합니다. 상대방의 종이에 20자 내외로 생각나는 문장을 적습니다. 책에 있는 문장을 적어도 좋습니다. 신문에서 글자를 찾아 누가 먼저 문장을 완성하나 내기합니다.

■ 신문에 나온 이름 찾아서 써보기

신문에 나온 사람 이름 10개 찾아서 써보기, 신문에 나온 나라 이름 5개 찾아서 써보기, 신문에 나온 도시 이름 5개 찾아서 써보기 등의 활동을 합니다. 혹은 신문에 나온 직업 5개 써보기, 신문에 나온 회사 5개 써보기 등 주제를 바꾸어가며 다양하게 해볼 수 있습니다.

▣ 사진 오려 이야기 만들기

신문에는 광고를 포함해 수많은 사진이 있지요. 사진들을 무작위로 오려서 늘어놓고 이어서 이야기를 만들어봅니다. 이야기를 글로 쓰는 것은 어려워도 사진을 늘어놓고 즉석에서 말하는 것은 쉽게 할 수 있습니다. 이야기가 조금 어색해도 핀잔을 주지 말고 아이가 생각해낸 것을 인정해주어야 합니다. 기발한 이야기를 만들어내면 칭찬을 많이 해줍니다.

▣ 이름 맞히기

연예인이든, 운동선수든, 정치인이든, 신문에는 수많은 인물의 사진이 나옵니다. 인물 사진을 오려서 누구인지 알아맞혀봅니다. 언론에 자주 오르내리는 외국 지도자의 이름과 얼굴도 이런 기회에 익혀둡니다. 국제 정세에도 귀가 트이기 시작할 것입니다.

이를 변형·활용해서 운동 종목 맞히기 같은 것을 해도 재미있습니다. 스포츠 섹션에서 경기 장면을 오려서 무슨 스포츠인지 맞히게 합니다.

■ 사진에 말풍선 달아서 대사 쓰기

사진 속의 인물이 무슨 생각을 하고 있을지, 무슨 말을 하고 있을지 상상해서 말풍선 안을 채워보도록 합니다. 굳이 정확한 상황을 알려주고 정답을 찾으려고 애쓰지 않아도 됩니다. 사진에 나타난 배경과 표정 등 정보만으로 마음껏 생각하게 합니다.

■ 세계지도에 도시와 나라 표시하기

신문에는 수많은 나라가 등장합니다. 우리와 관련이 많은 나라일수록 많이 나오겠지요. 미국·중국·일본 등이 기사에 가장 많이 나오고 러시아·터키 등도 빈도가 높은 편입니다. 그때그때 국제 정세에 따라 저 지구 반대편의 나라들도 종종 등장합니다.

아이 방에 커다란 세계지도를 붙여놓고, 신문에 등장한 나라들을 표시합니다. 어쩔 때는 지도로 위치만 확인해도 왜 그런 일이 벌어지는지 알 수 있기도 합니다. 기사만으로는 잘 이해되지 않던 것들이 그 나라의 위치, 다른 나라와의 거리 등을 눈으로 보는 순간 쉽게 이해됩니다. 예를 들어 왜 중동과 아프리카에서 발생한 난민이 그리스로 몰리는지, 그들이 왜 배를 타고 가다 전복 사고를 당하는지 지도를 보면 이해가 쉽습니다.

나라의 위치가 익숙해지면 도시도 찾아봅니다. 예를 들어 트럼프 대통령이 왜 자꾸 마러라고Mar-a-Lago 리조트를 찾는지는 미국 남부 해안가에 있는 플로리다의 위치를 보면 알 수 있습니다.

■ 무슨 광고인지 알아맞히기

가끔 기발한 광고를 발견할 때가 있습니다. 많은 설명 없이 이미지로 승부하는 경우가 많지요. 그럴 때는 글자를 가리거나 지우고 무슨 광고일지 알아맞히게 해봅니다. 아이의 창의성을 발달시키는 데 도움이 됩니다.

■ 과대 광고 찾아보고 이유 설명하기

광고 중에는 '이게 정말일까?' 싶은 것이 많습니다. 아이에게 믿을 수 없는 광고 문구를 찾아보라고 합니다. 어린 아이들은 신문에 나온 말은 전부 진실이라 믿는 경향이 있기 때문에 처음에는 혼란스러울 수 있습니다. 그럴 때는 광고의 목적을 설명해주고 허위·과장 광고에 대해서도 이야기를 나눕니다. 이런 활동을 계속 하다보면 비판적인 사고를 키울 수 있습니다.

📖 신문 헤드라인 읽기

요즘은 메신저나 SNS를 통해 짧은 글을 주로 접하기 때문에 신문 기사를 끝까지 다 읽기가 쉽지 않습니다. 헤드라인만이라도 꾸준히 읽으면 요즘 주요 이슈가 무엇에 관한 것인지 알 수 있습니다.

📖 신문 기사 낭독하고 질문에 답하기

아이에게 매일 기사를 골라 소리 내어 읽게 합니다. 부모는 아이가 읽는 내용을 주의 깊게 듣고 기사에 대해 질문합니다. 신문은 육하원칙에 의해 쓰여 있기에 질문을 하기에도, 대답을 하기에도 적당합니다. 원인과 결과가 분명히 나타나 있지요. 아이는 기사 안에 답이 있다는 것을 알기에 자신 있게 신문을 다시 한 번 훑어보고 답을 찾아냅니다. 예를 들어 아이가 다음 기사를 읽었다고 합시다.

해변을 뒤덮고 있는 솜사탕 같은 흰 거품 속에서 신

이 난 어린이가 뛰어놀고 있다. 하지만 이 흰 거품은 각종 오염 물질로 만들어진 것이라는 사실이 알려지며 이 지역 주민 건강에 대한 우려가 커지고 있다. 인도 현지 매체 『인디언 익스프레스』는 1일 인도 남부 첸나이 휴양지 마리나 해변의 상황을 사진과 함께 전했다. 해당 매체는 "최근 수차례의 폭우로 불어난 물에 고농도 인산염이 포함된 하수와 정화되지 않은 폐수가 더해졌다"면서 "이 물이 급류를 이뤄 바다로 흘러들어가면서 흰 거품을 만든 것으로 보인다"고 현지 오염관리국 측의 말을 인용해 보도했다. 이에 따라 해변은 며칠째 흰 거품으로 뒤덮였지만 사태의 심각성을 알아차리지 못한 어린이와 인근 주민들은 해변으로 몰려나와 거품 속에서 놀고 있는 상황. 인도의 환경보호주의자들은 "이런 상황을 막도록 우기에 물을 정화하고 처리할 수 있는 시설을 설치하는 것이 필요하다"고 주장하고 있다. (김재성, 「인도 해변 흰 거품의 정체는 오염물질」, 『어린이동아』, 2019년 12월 4일.)

부모는 이런 질문을 할 수 있겠지요.

"솜사탕 같은 흰 거품이 왜 생긴 거야?"

아이는 기사를 다시 찾아봅니다.

"불어난 물에 인산염이 포함된 하수와 정화되지 않은 폐수가 더해졌어요."

"이런 상황을 막도록 어떻게 하자고 하지?"

"우기에 물을 정화하고 처리할 수 있는 시설을 설치해야 된대요."

이런 문답을 통해 아이는 원인과 결과, 해결 방법을 찾아낼 수 있습니다. 논리적 사고를 습득하는 데 매우 효과적인 방법입니다. 신문은 관련 사진이나 도표도 첨가되어 있어 더 쉽게 인과관계를 파악할 수 있습니다.

"이 기사는 누가 처음 보도했지?"

"『인디언 익스프레스』요."

"어디에서 일어난 일이야?"

"인도요."

"정확히 말하면 어디일까?"

"첸나이 휴양지 마리나 해변이요."

이런 추가 질문을 통해 아이는 기사에는 인용해 보도하는 매체가 있다는 것을, 그리고 장소나 배경이 포함된다는 것을 인식합니다.

물론 아이가 매번 부모가 원하는 대로 해주는 것은 아닙니다. 어느 날은 빨리 끝내고 싶은 마음에 대충 아무 기사나 제일 짧은 것을 골라서 읽기도 합니다. 제 아이는 어느 날 정치 기사를 골랐는데 제대로 이해할 수 없는 것이었습니다. 저는 무엇을 물어볼까 하다가 그 기사에 나온 당대표와 원내대표의 이름을 물었습니다. 신문에 자주 등장하는 이름이니 한 번 자기 입으로 말하고 나면 뇌리에는 남을 것이라고 생각해서요. 이름을 안다는 것은 그 이름이 등장하는 기사는 한두 마디라도 더 귀에 걸린다는 뜻이지요.

▣ 신문 일기 쓰기

대부분의 아이에게 일기 쓰기는 고역입니다. 쓰는 것 자체도 싫어하는 데다가 무슨 말을 써야할지 모르는 경우가 많기 때문입니다. 그럴 때 신문 기사는 좋은 일기 소재가 됩니다.

아이가 일기에 쓸 내용이 없다고 하면 신문 기사 중 하나를 골라서 일기장에 붙이라고 합니다. 그 기사를 보고 든 느낌이나 생각을 간단하게 적으라고 하면 됩니다. 아이는 일기를 짧고 간단하게 해결할 수 있어 좋아합니다.

연예인 기사에는 "나도 연예인이 되고 싶다", 환경 관련 기사에는 "쓰레기를 버리지 말아야겠다", 다른 나라의 재난 보도에는 "그 나라 사람들이 불쌍하다"는 정도를 벗어나지 못할 수도 있습니다. 하지만 중요한 것은 그렇게 함으로써 신문을 읽고 어휘를 늘려나가며 실제 일어난 사건을 나와 연결해볼 수 있다는 것입니다.

■ 사설 읽고 밑줄 치기

아이가 관심을 보이는 분야가 있다면 배경지식도 어느 정도 있어서 조금 어려워도 사설을 읽고 이해할 수 있을 것입니다. 적당한 사설을 골라 문단마다 가장 중요한 단어에 빨간 동그라미를 치고 각 문단의 중심 문장을 형광펜으로 표시하게 합니다. 그다음 아이에게 그 문장들만 쭉 연결해서 소리 내어 읽게 합니다. 중심 문장만 연결해도 뜻이 통하는 것을 알 수 있을 것입니다. 이런 활동으로 사설 읽기가 익숙해진 후 사설을 이용한 글쓰기로 넘어가면 좋습니다.

■ 후속 결과 찾아보기

신문에 나는 사건들은 현재 진행되고 있는 것이기 때문에 바로 결론이 나오지 않는 경우가 많습니다. 관심을 끄는 내용이라 계속 보도되는 사안이 아니라면 결국 어떻게 되었는지 모르고 지나칠 수 있지요. 그런 사건이 있다면 함께 결과를 찾아보도록 합니다. 모든 일에는 원인과 결과가 있고, 그 중간에 수많은 과정이 존재한다는 것을 알 수 있을 것입니다.

■ 신문사 견학 가기

신문사를 방문하면 신문의 편집·조판·인쇄 등 제작 과정을 둘러볼 수 있습니다. 기념품을 받는 경우도 있지요. 완성된 신문만 접하던 아이는 새로운 경험을 할 수 있을 것입니다. 요즘에는 많은 신문사가 견학 프로그램을 운영하고 있습니다. 다만 신문사마다 견학 조건이 다르고 단체만 받는 경우도 있으므로 그럴 때는 주변의 가까운 가족들과 연락해서 단체를 구성하도록 합니다.

신문 발행인 되어보기

가족 신문 만들기

신문을 계속 보다보면 신문 형식에 익숙해집니다. 신문이
낯설지 않아졌다면 아이에게 가족 신문을 만들자고 제안해
보세요. 가족 신문을 만들면 대화가 자연스럽게 이루어져
서로를 더 잘 이해할 수 있게 됩니다. 가족의 살아 있는 역
사를 담게 된다는 의미에서도 아주 소중한 기록이 되지요.

　　편집회의와 취재, 기사 작성 등의 활동을 통해 기획력
과 사고력도 향상됩니다. 글쓰기 실력도 당연히 따라오고
요. 가족 신문을 만들면 뭐가 좋은지 설명해주세요. 아이의

성향에 따라 기획력·사고력을 강조하거나 가족끼리 서로 더 사랑하게 되고 재미있는 작업을 같이 할 수 있다고 동기 부여를 해주면 좋습니다.

저도 어릴 때 가족회의를 하고 두 살 터울의 오빠와 함께 가족 신문을 만들었었습니다. 색색의 사인펜을 이용해가며 신나게 꾸몄지요. 지금도 그때 부모님과 나누었던 대화들이 기억납니다.

신문 구성과 일정 짜기

가족 신문을 만들기로 했으면 일간지를 펼쳐놓고 신문의 구성을 주의 깊게 보세요. 독자로 보던 때와는 마음가짐이 달라져 몰랐던 사항들이 눈에 보일 것입니다. 1면 맨 위에는 신문 이름이 있습니다. 그 아래에는 작은 글씨로 발행일이 있지요. 1면 상단의 가장 큰 헤드라인 밑에 있는 기사는 그날의 수많은 기사 중 신문사에서 가장 중요하다고 판단한 기사입니다.

신문의 구성을 어느 정도 파악했으면 편집회의 날짜와 시간을 공지합니다. 각자 어떤 기사를 쓰고 싶은지 생각할 시간이 필요하기 때문이지요. 그리고 신문 이름을 정하기 위해 좋아하는 단어를 몇 가지 미리 적어보라고 합니다.

기사가 될 수 있는 소재는 참으로 다양합니다. 예를 들어 부모는 자녀에게 쓰는 사랑의 편지, 할아버지와 할머니에 대한 추억, 직장 생활 에피소드, 가훈, 나만의 레서피, 친척 소개, 여행 경험 등이 있겠지요. 아이들은 학교생활, 일기, 독후감, 책 소개, 친구 이야기, 재미있는 실험, 가고 싶은 곳, 상장 자랑, 취미 등을 쓸 수 있습니다. 생각나는 그 무엇도 소재가 될 수 있습니다. 시작할 때는 우리 주변의 이야기를 담아야 합니다. 처음부터 그럴 듯한 기사를 쓰려고 하면 의욕만 앞서 지속하기 어려울 수 있습니다.

기사에는 여러 가지가 있지요. 보도 기사는 일어난 일을 사실 그대로 사람들에게 전하는 기사입니다. 해설 기사는 어떤 사건이나 문제를 정리해 독자들이 정확하게 이해하도록 설명하는 기사입니다. 논설 기사는 사실의 진실성을 파악한 뒤 그 사실을 평가하며 의견을 서술하는 기사입니다. 기획 기사는 기자의 생각을 명확히 제시하면서 문제의식을 갖고 사실을 파헤치는 기사이고, 탐방 기사는 기자가 직접 뉴스가 있는 곳을 찾아가 보고 느낀 바를 적는 기사입니다. 대담 기사는 특정 인물과 나눈 대화를 옮긴 기사입니다.

예를 들어 옆집에 누군가 새로 이사를 왔다면 누가 이사를 왔는지, 학교에 다니는 사람이 있다면 몇 학년 몇 반인지에 대한 보도 기사를 쓸 수 있습니다. 부모가 언쟁을 벌이면 이를 목격한 아이들이 부모를 인터뷰하고 해설 기사를 쓸 수도 있지요. 집에 항상 물건이 어질러져 있어 정리 정돈이 되지 않는다면 이를 지적하고 다 같이 이 문제를 해결할 가족회의를 한 뒤 기획 기사를 쓸 수 있습니다. 동네에 새로 문을 연 떡볶이집을 찾아가본 후 탐방 기사를 쓸 수 있습니다. 할아버지와 인터뷰하고 부모님의 어린 시절 이야기를 들은 후 대담 기사로 쓸 수도 있겠지요.

편집회의에서 해야 할 것

첫 번째 편집회의에서는 제호題號를 정합니다. '○○네 집 소식', '○○네 집 이야기'처럼 단순하고 명료한 제호를 선택해도 좋고 '솔바람 부는 언덕' 같이 개성 있거나 문학적인 표현도 괜찮습니다. 무엇이 되었든 가족의 동의를 얻어

멋진 제호를 만들어봅니다.

그다음에는 각자 쓰고 싶은 내용을 이야기합니다. 간단하게 가족 소개로 시작해도 쉽게 접근할 수 있어 좋습니다. 어느 정도 의견이 모아졌으면 원고 마감일을 정하고 데드라인Deadline이라는 용어를 알려줍니다. 원고 마감 시간이 중요하다는 사실을 강조하면서요. 신문 발행은 한 달에 한 번 정도가 적당합니다. 분량은 처음에는 4절지 한 장 정도로 시작했다가 기사가 늘어나면 점차 늘리도록 합니다.

데드라인 날짜에 다시 한 번 모여 기사를 배치하고 편집합니다. 중요한 기사는 크게 쓰고 소소한 가족 동향은 작게 배치하는 것이 좋겠지요. 기사는 손으로 써도 되고 필요한 부분은 출력해서 붙여도 됩니다. 사진도 출력해서 붙이면 훨씬 그럴듯하지요. 이렇게 완성된 신문은 할아버지와 할머니를 포함해 친척들과 주변 사람들에게도 보여줍니다. 멀리 사는 친척에게는 복사해서 보내주면 특별한 유대감을 느낄 수 있겠지요.

가족 신문에 참여하는 사람은 부모와 자녀로만 국한하지 않습니다. 가족 구성원 외에 다양한 친척, 친구들, 선생님, 동네 사람들 등도 그때그때 참여하면 훨씬 다채롭고 재미있는 신문을 만들 수 있습니다.

테마 신문 만들기

테마 신문도 만들어보면 재미있습니다. 만약 여행을 간다면 여행 신문을 만들어보세요. 여행 일정, 가서 먹은 것, 본 것, 경험한 것, 만난 사람 등을 자세히 담을 수 있습니다. 직접 찍은 사진도 넣고요.

관심 있는 사항 하나를 골라서 깊이 있게 파고드는 방법도 있습니다. 학습하려는 주제와 내용에 대한 보고서를 신문 형태로 만드는 것이지요. 환경 신문, 역사 신문, 인물 신문, 과학 신문, 스포츠 신문, 독서 신문, 평화 신문, 진로 신문, 기념일 신문, 경제 신문 등 원하는 주제와 내용으로 얼마든지 테마 신문을 만들 수 있습니다.

만약 SNS의 장단점에 대해 신문을 제작해보겠다면, SNS에 관한 책이나 자료들을 읽고 조사합니다. 신문에 실린 관련 기사도 스크랩해둡니다. 스크랩해둔 기사 중에 의도에 맞는 적당한 기사를 골라서 붙이고 SNS의 역사에 대한 기사, SNS 사용자의 인터뷰 등도 싣습니다. 사설은 신문 발행인의 의견을 담아 'SNS 이대로 좋은가?'든 '최첨단 미래와 연결된 SNS'든 자유롭게 게재할 수 있습니다.

대한민국NIE대회에서 우수상을 수상한 4학년 학생은 『어린이 저작권 교실』이라는 책을 읽으면서 새로운 사실을 알고 주제를 저작권으로 정했다고 합니다. 그런데 범위가 너무 좁아서 저작권·산업재산권·신지식재산권을 모두 포함하는 지식재산권으로 정하게 되었다고 하지요.

그 어린이는 주제를 정한 그날부터 아침마다 3가지 신문과 어린이 신문 2가지, 일주일에 한 번 오는 영자 신문까지 섭렵하며 관련 기사를 스크랩했습니다. 제호는 '지식재산권일보'라고 붙이고 지면을 하나하나 채워가면서 우리가 얼마나 지식재산권에 대해 무지하고 준법정신이 약한지 느끼게 되었다고 합니다. 기사를 작성해가면서, 알고도 저지르는 사람들에게 부끄러움을 느끼게 해주고 몰라서 법을 어기거나 피해를 당하는 사람이 없게 해주고 싶은 사명감이 들었다고 합니다. 이것만 보아도 현실과 연계된 살아 있는 교육으로서 신문이 얼마나 중요한지 알 수 있습니다.

가정에서도 쉬운 것부터 신문으로 만들어보세요. 혼자 할 때는 엄두가 안 나더라도 가족과 함께하면 훨씬 쉽고 재미있게 할 수 있습니다. 이런 경험을 통해 살아 있는 인성 교육, 더 나아가 언론의 역할을 깨닫는 민주 시민 교육까지 이어지는 것은 덤입니다.

학교 도서관은 보물 창고!

너무나도 달라진 학교 도서관

저는 자라면서 도서관에 가본 기억이 거의 없습니다. 우리
집이나 친구네 집에 있는 책, 그리고 학급문고가 전부였죠.
학교 도서실도 점심시간에만 겨우 개방하고, 그나마 대출
도 안 되었었습니다.

요즘 학교 도서관은 부모 세대 때와는 비교할 수도 없
게 달라졌죠. 저는 처음 아이의 학교 도서관을 방문했을 때
깜짝 놀랐습니다. 양쪽 창가에 학급문고보다 조금 큰 책꽂
이가 늘어서 있는 교실 한 개 정도의 공간을 예상했는데,

교실 두 개를 터놓은 규모에 서가가 줄지어 들어서 있었습니다. 그리고 그 안에는 눈이 휘둥그레질 정도로 다양하고 훌륭한 책이 그득했습니다. 테이블과 의자뿐만 아니라 아이들이 실내화를 벗고 편하게 책을 읽을 수 있는 아늑한 공간도 있었지요.

공립 아동 도서관도 시설이 좋아졌지만 학교 도서관도 그럴 줄은 정말 몰랐습니다. 요즘 학교 도서관은 학생뿐 아니라 학부모에게도 개방하곤 합니다. 회원으로 등록하면 대출이 가능하기도 하고요.

가까이 있는 도서관

아이가 학교에 들어가면 엄마는 하교 시간에 맞추어 교문 앞에서 아이가 나오기를 기다립니다. 학기 초반에는 담임 선생님이 아이들을 교문까지 데리고 나오기도 하지만, 아이들이 학교생활에 익숙해질 때까지입니다. 아이의 하교를 기다리거나 아이와 만날 일이 있을 때 학교 도서관에서 기다리는 건 어떨까요?

공립 도서관은 규모가 크고 책도 많지만 매일 방문하

기는 쉽지 않습니다. 하지만 초등학교는 대체로 집 가까이에 있어서 방문하기 쉽죠. 신청하면 공립 도서관에 있는 책을 학교 도서관에서도 받아볼 수 있습니다.

아이를 기다리는 동안 어른용 신간 코너에서 요즘의 트렌드를 알 수 있고, 눈에 띄는 책을 꺼내볼 수도 있습니다. 아이에게 도서관은 사랑하는 엄마가 나를 기다리는 다정한 공간이 됩니다. 엄마가 늘 도서관에 있으면 아이는 도서관과 책을 친숙하게 여기게 되지요. 아이가 도서관에 오면 그날 읽을 책을 함께 골라서 빌려가도록 해보세요. 아이에게만 책을 빌리라고 하지 말고 엄마도 책을 빌리는 모습을 보여줍니다. 물론 그 책을 읽는 모습도 보여주어야 하지요.

우리 아이와 다른 아이들을 위한 자원봉사

학교 도서관에서 자원봉사를 하는 것도 추천합니다. 예전에는 '명예 사서'라는 이름으로 반마다 할당 인원이 있었습니다. 지금은 권위적인 느낌의 명예 사서라는 이름은 점차 없어지는 추세입니다. 이름은 없어져도 학교 문화가 참여형으로 바뀌면서 학부모가 주체적으로 할 수 있는 일은 점점 많아지고 있지요.

도서관에 자원봉사자로 등록하면 대체로 빌릴 수 있는 책의 권수와 기간이 늘어납니다. 그만큼 엄마도 다양한 책을 자유롭게 읽을 수 있게 되지요.

요즘은 부모 세대가 자랄 때와는 비교도 되지 않을 만큼 훌륭한 어린이 책이 다양하게 쏟아져 나오고 있습니다. 도서관은 책이 입고될 때 자원봉사자의 도움을 받곤 합니다. 그럴 때 가서 봉사하면 요즘 어떤 책이 나오는지, 트렌드는 어떤지, 우리 아이에게 어떤 책이 도움이 될지, 우리 아이에게 필요한 책은 무엇인지 다른 부모보다 먼저 파악할 수 있습니다.

도서관 자원봉사의 장점

학교 도서관 봉사는 사서 교사와 친해질 수 있는 기회가 됩니다. 사실 누군가에게 책을 추천하는 것은 간단한 일이 아닙니다. 읽을 사람의 성향과 관심사에 따라 맞는 책은 그야말로 천차만별이기 때문이지요. 하지만 도서관에 자주 드나들면 사서 교사도 아이와 엄마를 알게 되기 때문에 적절한 도움을 받기 쉬워집니다.

학교 도서관도 공립 도서관처럼 희망 도서 신청을 받습니다. 공립 도서관처럼 자주는 아니고, 보통 한 학기에 한두 번이지만 이때를 노려 비교적 고가이거나 집에 두기 부담스럽던 전집도 신청해볼 수 있습니다. 사서 교사도 도서관 운영에 도움을 주는 학부모의 요청에는 좀더 귀를 기울이게 되니까요.

요즘은 굳이 돈 들이고 멀리 나가지 않아도 이용할 수 있는 좋은 기회가 많습니다. 그 기회가 우리 아이가 매일 다니는 학교에서 있다면 더 좋겠지요. 아이가 가장 많은 시간을 보내는 곳에서 엄마도 시간을 보내보세요.

도서관에서 봉사하다보면 우리 아이 학급이 도서관 수업을 하러 내려오는 모습도 가끔 볼 수 있습니다. 공개 수업 때와는 또 다른 모습이지요. 그렇지 않더라도 도서관에 있으면 다른 아이들과도 수시로 만나게 되어 아이 주변에 대한 이해도 높아진답니다.

공동체를 위한 도서관 봉사

모두가 잘되어야 내 아이도 잘된다

부모는 아이를 잘 키우려고 많은 노력을 기울입니다. 아이를 위해 희생을 마다않고 애쓰며 아낌없이 돈과 시간을 투자하지요. 하지만 한 가지 간과하는 것이 있습니다. 내 아이를 잘 키우려면 다른 아이들도 잘 키워야 한다는 것입니다. 내 아이가 잘되려면 주변 친구들도 잘되어야 합니다.

아이는 끊임없이 주변 환경의 영향을 받으며 자라납니다. 가정뿐만 아니라 학교, 아이가 사는 지역사회까지 아이에게 지대한 영향을 미칩니다. 아이의 성장을 다양한 방식으로 자극하고 너그러이 기다려주는 학교, 경직되지 않은 밝은 분위기 안에서 아이들은 서로 상호작용하고 발전해나 갑니다. 아이들에게 많은 기회를 제공하고 사랑과 관심을 표명하는 지역사회 안에서 아이들은 자신이 보호받고 지지받고 있다 생각하고 마음껏 몸과 마음을 키워나가지요.

형제자매가 많지 않은 요즘에는 친구 관계가 더 중요합니다. 즐겁고 행복한 친구가 많은 아이는 더 즐겁고 행복해집니다. 내 아이뿐만 아니라 다른 아이들에게도 신경을 써야 하는 이유입니다. 힘들고 아픈 아이가 있다면 관심을 가져야 합니다.

책 읽어주기 봉사의 장점

내 아이가 살아갈 세상을 위해 긍정적인 힘을 보탠다는 의미에서, 아이들에게 책 읽어주는 봉사를 하는 것을 권합니다. 대부분의 학교 도서관에서는 자원봉사자를 모집하고 있습니다. 자원봉사자는 도서관 운영도 도와주지만 아침에 아이들에게 책을 읽어주는 활동을 하기도 합니다. 주로 저학년 대상이지만, 봉사 인원과 역량이 충분하면 전교생을 대상으로 하기도 합니다. 책을 읽어주는 봉사 활동이 없다면 마음에 맞는 엄마들 몇 명이 모여 시작할 수도 있습니다. 요즘은 책 읽는 문화가 많이 정착되었기에 학교에서도 환영할 것입니다.

자녀가 갓 초등학교에 입학한 새내기 1학년이라면 더욱 추천합니다. 아이가 낯선 교실에서 엄마를 만나는 것은 큰 기쁨이지요. 유치원을 막 졸업한 아이에게 학교는 딱딱하고 어려운 공간일 수 있습니다. 그때 엄마와 같이 있을 수 있다면 아이는 안정감을 느끼고 엄마와 함께하는 시간을 행복하게 기다릴 것입니다.

일주일에 한 번, 편하게 읽어주세요

책 읽어주는 봉사는 매일 하기에는 부담스럽고 지속 가능하지도 않으므로 일주일에 요일을 정해놓고 한 번씩 하는 것이 적당합니다. 성우처럼 읽어주어야 한다는 부담을 가질 필요는 없습니다. 내 아이에게 하듯 천천히 자연스럽게 읽어주면 됩니다.

다만 그림이 잘 보이도록 아이들을 향해 책을 펼쳐 들

고 천천히 책장을 넘겨야 하겠지요. 당연히 처음에는 긴장이 됩니다. 20명이 넘는 아이들뿐만 아니라 담임선생님도 지켜보고 있으니까요.

돌발 상황이 벌어져 당황할 때도 있지만 몇 번 하다보면 자연스럽게 몸에 익고 아이들의 반응에도 대처할 수 있게 됩니다. 가끔은 준비해간 책을 이미 읽은 아이가 있습니다. 그때는 "그래? 그럼 친구가 읽었을 때랑 선생님이 읽을 때랑 어떻게 다른지 궁금하지? 한번 잘 들어볼까?", "와, 이 책을 벌써 읽었어? 두 번 읽으면 두 배로 재밌고 백 번 읽으면 백 배나 재밌는데!" 하고 시작하면 됩니다.

가족의 도움을 받아보세요

많은 아이들을 대상으로 책을 읽어주다 보면 경험이 쌓이면서 아이들의 흥미를 돋울 만한 아이디어를 접목할 여유도 생깁니다. 시작 전 손유희를 해본다든가, 책에 나온 주인공 그림을 복사해 인형을 만들어 활용할 수도 있지요. 재미있는 장면에서 그림을 짚어가며 한두 마디 덧붙일 수도 있습니다. 좋은 그림이 있을 때는 스캔해서 교실의 대형 모니터로 보여주면 한결 생동감 있게 빠져들게 됩니다.

책을 고를 때는 아이에게 추천을 부탁하기도 합니다. 친구들에게 읽어줄 책이라고 하면 심혈을 기울여 골라줍니다. 동생들에게 읽어줄 거라고 하면 자기가 몇 년 전에 읽은 책 중에 동생들이 좋아할 만한 책을 권해주기도 합니다. 아이들과 그 책에 대해 간단하게 이야기해볼 기회도 되지요.

엄마들의 책 읽어주기가 어느 정도 정착되었다면 한 학기에 한 번 정도 '아버지의 날'을 정하면 정말 좋습니다. 아빠들이 시간을 조정해가며 참여해야 해서 쉬운 일이 아니지만 아이들의 반응은 폭발적입니다. 아이들도 선생님도 정말 좋아하지요. 아이들이 학교에서 남성 양육자를 만날 기회가 많지 않기 때문입니다. 아빠들도 초롱초롱한 수십 개의 눈동자가 보여주는 반응에 보람을 느끼고 뿌듯해합니다.

아이들은 책을 들으며 자라납니다

아이들도 누군가가 자신을 위해 귀중한 시간을 내어준다는 사실을 알고 있습니다. 오늘은 어떤 이야기일까 즐겁게 기다리지요. 평소에 책을 읽지 않는 아이라도 친구들과 함께 새로운 이야기에 귀를 기울입니다. 일상생활에서 접하지 못하는 새로운 단어들을 흡수하고 상상하며 생각을 넓혀갑니다.

물론 책을 읽어주었다고 아이들의 삶이 당장 드라마틱하게 변하는 것은 아닙니다. 그러나 적어도 직접 얼굴을 보고 눈을 마주친 아이들에게 관심이 생기고, 그 아이들이 내 아이와 함께 세상을 만들어갈 소중한 존재라는 사실을 인식하게 됩니다. 내 아이에게만 집중되었던 시야가 조금은 넓어지지요.

서구에서는 지역사회 봉사가 문화로 자리 잡혀 있습니다. 은퇴 후에는 자연스럽게 삶의 일부분을 봉사에 할애합니다. 봉사하러 일부러 멀리 갈 것 없이, 아이들을 다 같이 잘 키우자는 의미에서 조그만 봉사부터 가까운 곳에서 시작해보는 것은 어떨까요?

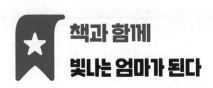
책과 함께
빛나는 엄마가 된다

아이를 키우며 나를 잃어가지는 않나요?

엄마는 아이를 키우면서는 자기 자신을 잃고 살기 쉽습니다. 보통은 아이가 초등학교를 졸업할 때까지는 아이를 중심으로 생활하고 아이의 요구 사항에 맞추어 엄마도 얽매이게 되지요.

특히 전업주부는 큰마음 먹고 무언가를 하지 않는 한 시간이 훌쩍 지나가버립니다. 흐르는 시간이 아까워서 아이가 학교에 있는 오전 동안 열심히 목표하는 것을 배우러 다니기도 하지요. 하지만 그것도 언젠가는 끝나는 과정의 일부입니다. 강의를 듣는다고 하면 몇 회면 끝나겠지요. 어떤 기술을 배운다면 자격증을 따거나 직업을 얻는 순간 소기의 목적을 달성하게 됩니다.

그치지 않고 나의 성장을 위해 꾸준히 갈 수 있는 길을 소개합니다. 바로 학교 혹은 학교 도서관을 활용하는 방법입니다.

독서 모임을 만들어보세요

학교 도서관 봉사자들은 대부분 책에 관심이 많습니다. 적어도 책이 자신에게든 아이에게든 도움이 된다는 것을 아는 엄마들입니다. 그림책을 읽어주려고 고민하고 서로 추천 도서를 공유하다보면 자연스럽게 책에 대한 이야기를 나누게 됩니다.

독서 모임을 만들면 책에 대한 이야기를 좀더 깊이 있게 나누게 됩니다. 몇 년 전부터 독서 모임이 활성화되고 있습니다. 적지 않은 금액을 지불하는 유료 모임도 늘어나고 있지요. 그중에는 책을 다 읽고 후기를 올리지 않으면 참석이 제한되는 곳도 있습니다.

몇 년 전에는 별로 눈에 띄지 않았는데 요즘에는 독서 모임이 활성화된 이유가 무엇일까요? 아마도 자기 계발과 인간관계에 대한 욕구를 둘 다 충족할 수 있기 때문일 것입니다. 예전에는 독서를 혼자 하는 것이라고 생각했다면 요즘에는 함께 읽으며 공감하길 바라는 마음이 강해졌습니다.

시대에 뒤처지지 않게 항상 깨어 있으려면 책을 읽어야 합니다. 혼자 읽어도 좋지만, 아이들 독서 모임을 만드는 것처럼 엄마들도 독서 모임을 만들어보세요. 어린이들이 독서 모임에서 얻을 수 있는 장점을 성인도 그대로 얻을 수 있습니다. 아니, 그 이상이겠지요. 어른들은 경험의 폭이 넓다보니 여럿이서 대화를 나누었을 때 깨닫는 점도 더 많습니다.

어렵게 시작할 필요 없어요

독서 모임을 처음 만들었을 때는 누구나 접하기 쉬운 책으로 시작해보세요. 어떤 책을 읽든 처음에는 부모로서 내 자신을 돌아보고 아이와 관련된 이야기를 주로 하게 됩니다. 아무래도 학교라는 공간 안에서 엄마들이 만든 모임이다

보니 그렇게 되지요. 그래도 다양한 학년의 엄마들이 모일 수 있기 때문에 한 발짝 떨어진 곳에서 주는 조언을 얻을 수 있습니다. 지금 당장은 중요해 보이는 일일지라도 그렇게 심각하지 않다는 것을 알 수 있지요. 반대의 경우도 있을 수 있고요.

하지만 독서 모임의 회를 거듭할수록 범위가 넓어져 아이 문제가 아닌 내 자신, 내 감정, 내 상태, 내 미래에 대해 깊이 생각해보게 됩니다. 생각도 습관이라고 할 수 있습니다. 늘 가족 위주로 움직이면서 나를 잊고 사는 엄마가 많습니다.

하지만 책을 읽으며 평소에 갖지 않았던 의문을 품고 자신에게 질문을 던지면 나를 자극하는 생각이 점점 확장되어갑니다. 질문은 내 안에서만 끝나는 것이 아니라 문답을 주고받는 과정에서 다른 사람과 공유되고, 그 과정에서 깨달음을 얻기도 합니다. 다른 사람의 말에 동조해서만은 아닙니다. 나와 다른 생각을 들었을 때 나에 대해 미처 몰랐던 점을 발견하기도 하지요. 눈으로만 읽었으면 그냥 지나쳤을 부분을, 말을 하는 동안 갑자기 깨닫기도 합니다.

독서 모임의 장점

어느 정도 안정적인 독서 모임이 이루어지면 난이도가 있는 책을 선택할 수도 있습니다. 혼자 읽기 어려운 책을 같이 읽으면 의무감 때문이라도 끝까지 읽을 힘이 생기지요. 책이 잘 이해되지 않거나 다 읽지 못했더라도 모임에 참석하는 것이 좋습니다. 다른 사람이 하는 이야기만 들어도 도움이 되니까요.

부모가 아이에게 책을 읽으라고 하는 것은 생각하는 힘을 키우기 위해서입니다. 하지만 생각하는 힘은 아이에게만 필요한 것이 아닙니다. 우리 모두가 갖추어야 하는 덕목이지요.

화가 났을 때도, 내가 무엇 때문에 화가 났는지 아는 것이 중요합니다. 자신의 감정을 들여다보고 원인을 곰곰이 생각하는 습관이 들면 내가 어떻게 행동해야 하는지 알 수 있습니다. 책을 읽고 다른 사람들의 의견을 듣거나 주인공의 심리 상태를 따라가다보면 전에는 미처 생각 못했던 지점들을 발견할 수 있습니다.

학교 안에서 이루어지는 모임이기에 장소 확보가 용

이한 것도 장점입니다. 학교 도서관에서 모이거나 요즘에
는 학교마다 있는 학부모 전용 공간을 이용할 수 있지요.
가끔은 책을 들고 카페에서 만나거나 나들이를 갈 수도 있
습니다.

학교 도서관에서는 아이들을 위해 작가를 초청하기도
합니다. 그럴 때는 보통 학부모에게도 강연을 개방하는데
그 작가가 쓴 책을 읽고 참석하면 훨씬 이해가 잘 되겠죠.
궁금했던 것도 직접 질문할 수 있고요. 만약 도서관 봉사
모임이 활성화되어 있다면 학부모가 요청하는 작가를 섭외
할 수도 있습니다.

현명한 엄마의 학교 활용법

만약 아이가 다니는 학교가 어느 한 분야의 선도 학교나 연
구학교로 지정되어 있다면 학부모가 참여할 기회도 많아집
니다. 담당 교사는 그 분야의 전문가들과 네트워크를 구축
하고 있습니다.

저는 학교에서 학부모를 위해 열어준 수업에서 코딩
교육을 받았고, 3D 프린터 프로그램도 배울 수 있었습니

다. 작은 로봇을 빌려와 집에서 아이와 실습해보고 3D 프린터로 출력한 결과물도 가져올 수 있었지요. 요즘 아이들이 무엇을 배우는지, 학교 교육이 어떻게 이루어지는지 알 수 있는 귀중한 기회였습니다.

학교마다 학부모를 위한 예산이 책정되어 있기에 배우고 싶은 것이 있으면 요청할 수 있습니다. 새로운 것을 배우는 것은 멋진 경험이고, 그런 멋진 경험은 아이들만의 전유물은 아니니까요.

급변하는 세상에서 홀로 뒤처지지 않기 위해, 노력하고 공부하는 모습을 보여주기 위해, 엄마들도 끊임없이 책을 읽고 참여하고 사고하고 발전했으면 좋겠습니다. 이런 노력들이 결실을 이룬다면, 아이가 졸업해서 학교를 벗어나도 엄마의 활동은 멈추지 않고 범위를 넓혀가며 계속 이어질 것입니다. 아이가 도움의 손길을 덜 필요로 할 때, 나는 어떤 모습으로 내 자신을 다시 마주보게 될까요?

7장

스마트폰 키즈의
독서법

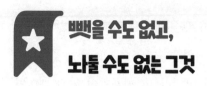

뺄을 수도 없고, 놔둘 수도 없는 그것

왜 사람들은 책을 읽지 않게 되었을까?

한때 일본은 독서의 모범으로 전 세계에서 독보적인 존재였습니다. 일본에 파견된 주재원이 전철을 탔는데 자기만 빼고 모두 책을 읽고 있어서 민망한 나머지 가방에서 아내의 편지를 꺼내 읽었다는 이야기도 있습니다. 당시 일본의 독서량은 세계 1위였고 독서율도 높았지요.

하지만 일본의 독서율은 1990년대 중반 이후 떨어지기 시작했습니다. 게임기·노트북·휴대전화 등 오락용 소일거리가 신문과 책의 자리를 대체하게 되었지요. 최근 일본

스마트폰 키즈의 독서법

문화청이 조사한 바에 따르면 책을 한 권도 읽지 않는 사람이 조사 대상의 반이나 되었습니다.

지금은 일본인뿐만 아니라 전 세계인이 훨씬 재미있고 자극적인 스마트폰을 손에서 놓지 못하고 있습니다. 스마트폰이 우리 생활에서 떼려야 뗄 수 없는 도구가 된 것은 부인할 수 없는 사실입니다. 스마트폰이 우리 생활을 규정하고 스마트폰을 중심으로 사회가 돌아가고 있지요. 어른들도 스마트폰을 손에 들면 내려놓기가 어려운데 아이들은 오죽할까요?

초등학교 6학년을 대상으로 스마트폰 사용과 독서의 상관관계를 연구한 결과가 있습니다. 일반 휴대전화를 갖고 있거나, 휴대전화가 없는 학생들의 독서량과 독서 시간이 스마트폰을 보유한 학생들보다 훨씬 길었습니다. 자기조절 읽기 능력 또한 휴대전화가 없는 학생이 가장 높았고 그다음이 일반 휴대전화가 있는 학생이었습니다. 스마트폰을 보유한 학생이 가장 낮은 점수를 보였지요.

저를 포함한 부모 세대는 놀거리가 그렇게 많지 않았습니다. 어린이 프로그램이 시작하는 6시 전에는 텔레비전에도 볼 것이 별로 없었죠. 매일 밖에 나가 놀 수도 없으니

남는 시간 동안 집에 있는 책이라도 들추어 보게 마련이었습니다.

하지만 지금 아이들은 심심할 새가 없습니다. 스마트폰이 손에 쥐여져 있으면 새로운 유튜브 영상을 연달아 보고 게임에 몰두하느라 시간 가는 줄도 모르게 됩니다. 컴퓨터 게임도 독서를 방해하는 요소지만 스마트폰은 언제 어디나 휴대할 수 있기에 더 치명적이라고 할 수 있습니다. 걸으면서도 끊임없이 스마트폰을 보는 아이들이 있으니까요. 잘 때도 컴퓨터는 이불 속으로 갖고 들어갈 수 없지만 스마트폰으로는 밤새 채팅을 하거나 게임을 해도 부모가 알기 어렵습니다.

긴 글을 읽지 못하는 '팝콘 브레인'

끊임없이 자극을 받으면 뇌가 '팝콘 브레인'이 된다는 연구 결과가 있습니다. 팝콘이 터지듯 크고 강렬한 자극에만 뇌가 반응하는 현상을 말합니다. 뇌에 큰 자극이 지속적으로 가해지는 바람에 단순하고 평범한 일상에 흥미를 잃게 되는 것이지요. 잔잔하고 미묘한 요소는 관심을 끌지 못하고 점점 더 강렬한 자극을 원하게 됩니다.

11세 초등학생 중 하루 평균 2~3시간 스마트폰 게임에 몰두하는 아이와 스마트폰을 사용하지 않는 아이를 대상으로 일정하게 깜빡거리는 불빛과 소리에 맞추어 손뼉을 치거나 발을 구르도록 하는 실험을 했습니다. 그 결과 스마트폰 게임을 많이 하는 아이의 반응 속도는 너무 빠르거나 너무 느렸습니다. 불빛이나 소리처럼 강도가 약한 자극에 대한 반응이 떨어졌다는 의미지요.

화면 전환이 빠른 게임이나 항상 재미를 추구하는 유튜브 영상에 익숙해지면 정지된 글자를 읽는 일이 더욱 힘들어집니다. 시각적인 자극을 찾는 것은 인간의 본능이기에 노력을 기울이지 않아도 되지만 글을 읽는 것은 후천적으로 연마해야 하는 능력이기 때문이지요. 읽기 능력의 저하는 아이들뿐 아니라 성인에게도 심각하게 나타나고 있습니다.

외국 교수들이나 한국 교수들이나 최근 공통적으로 지적하는 것이 학생들이 긴 글을 읽어내지 못한다는 것입니다. 미국 학생들이 글쓰기에 인용한 문장을 추적한 결과 대다수가 자료의 첫 페이지와 마지막 3페이지를 언급한 것으로 밝혀졌습니다. 그러니까 첫 부분만 조금 읽고 바로 결론으로 넘어갔다는 것이지요. 한국 대학생들도 다르지 않아 교수가 보낸 문자라도 3줄 이상은 읽지 않는다고 할 정도입니다.

스마트폰은 긴 글을 읽는 데 부정적인 영향을 끼칩니다. 인쇄물을 읽는 것에 익숙한 성인도 스마트폰으로 글을 읽다보면 대강대강 건너뛰며 읽거나 대충 훑어 읽게 됩니다. 그 결과 이해도가 떨어지고 내용도 잘 기억하지 못하게 되지요.

진짜 문제는 스마트폰이나 게임이 아니다

그렇다면 아이들에게서 스마트폰을 빼앗아야 할까요? 아니, 그렇지 않습니다. 교통사고와 대기오염, 운동 부족의 원인이라고 자동차를 없애버릴 수 없는 것처럼, 스마트폰은 우리 삶에 너무나 깊숙이 들어와 있지요.

코로나19로 아이들이 학교에 가지 못하고 온라인 수업을 시작했을 때, 저는 조그만 화면으로 몇 시간 동안 수업을 듣는 것이 상상되지 않아 작은아이에게 컴퓨터로 수업을 들으라고 했습니다. 하지만 아이는 스마트폰으로 아무 문제 없이 수업을 듣곤 했습니다. 어릴 때부터 스마트폰에 익숙한 세대는 부모와 너무나도 다를 수밖에 없다는 것을 새삼 느낀 계기가 되었지요.

미래 사회도 스마트폰을 바탕으로 재편되고 있습니다. 새로운 세상을 만들 도구를 부작용 때문에 아이들 손에서 빼앗을 수는 없는 일입니다. 대신 문제점을 인식하고 아이들에게 스마트폰을 잘 사용할 수 있는 방법을 알려주어야 합니다.

아이에게 충분한 관심을 준다면, 매스컴에서 염려하는 것처럼 게임에 중독되지는 않습니다. 가정생활과 학교생활에 아무 문제 없는 아이가 게임에 중독되는 것이 흔한 일은 아니니까요. 저도 어릴 때 집에서 콘솔 게임을 많이 했고 중학교 때는 방학이면 하루 종일 컴퓨터 게임을 했지만 흥미가 오래 가지는 않았습니다. 제 오빠는 어릴 때 이후로 쭉 게임을 해왔지만 지금은 직장 생활 잘 하며 아이들과 함께 주말에 게임을 즐기는 아빠가 되었습니다.

평소에 게임을 많이 하던 아이가 심각한 문제를 일으킨다면 원인은 게임보다는 다른 데서 찾아야 합니다. 평소 관심을 갖고 대화를 했어야 하는데 게임에 그 책임을 돌린다면 아주 손쉬운 회피 방법을 찾은 것이지요.

이미 세상은 되돌릴 수 없는 스마트폰 시대가 되었습니다. 이런 세상을 살아갈 아이들에게 부모가 키워주어야 할 것은 절제력입니다. 아이들이 스마트폰에 지배당하는 대신 스마트폰을 현명하게 이용할 수 있도록 하는 데는 부모의 인내와 도움이 많이 필요합니다.

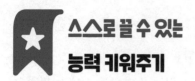

스스로 끌 수 있는 능력 키워주기

스마트폰에 중독되기 전에

스마트폰의 부작용을 충분히 알지만 어쩔 수 없이 스마트 폰을 사주게 되는 부모가 많습니다. 아이가 조른다고 무조 건 다 들어주지 않는 부모도 스마트폰에 관해서만은 한발 물러날 수밖에 없다고 합니다. 친구들과의 관계에서 혼자 뒤처지거나 소외되지 않을까 걱정스러운 마음 때문이지요. 하지만 큰마음 먹고 스마트폰을 사주는 순간 또 다른 걱정 이 시작됩니다. 아이가 스마트폰을 너무 오래 사용할 때 부 모가 할 수 있는 것은 스마트폰을 끄라고 명령하거나 강제로 뺏는 것밖에 없습니다. 아이와의 갈등도 커지기 십상입니다.

갈등이 커지기 전에 스마트폰에 대한 관점을 정립하고 약속을 정하는 것이 중요합니다. 되도록 스마트폰을 사주기 전에 다짐받는 것이 좋지만, 이미 푹 빠져 있다면 지금이라도 해볼 것을 권합니다.

스마트폰의 장점과 단점

우선 아이에게 스마트폰의 장점을 써보라고 합니다. 카카오톡으로 친구와 대화하거나, 쉽게 연락이 이루어지거나, 재미있는 게임을 하거나, 동영상을 볼 수 있다는 내용이 나오겠지요. 아이에게만 시키면 시험을 보거나 평가받는 느낌이 들 수 있으니 부모도 같이 솔직하게 적어봅니다.

이번에는 스마트폰의 단점에 대해 써보라고 합니다. 아이도 스마트폰을 사용하면서 느껴왔던 것이 있을 것입니다. 아이가 스스로 적어놓은 스마트폰의 장단점을 바탕으로 대화하면 부모가 일방적으로 훈계할 때보다 쉽게 마음을 터놓고 이야기할 수 있습니다. '네가 생각한 이러이러한

장점을 지키기 위해서 이러이러한 단점을 줄이도록 하자'
라고 하면 받아들이기 쉽지요. 그런 대화의 결과로 스마트
폰 사용에 관한 약속을 정할 수 있으면 바람직합니다. 다음
은 부모와 자녀 사이에 정할 수 있는 몇 가지 약속 예시입
니다. 가정마다 여건이 다르기에 참고해서 적절한 선을 정
하면 좋겠습니다.

❀ 자기 전에 사용하지 않기: 스마트폰에서 나오는
  블루 라이트는 수면 유도 호르몬인 멜라토닌 분비
  를 방해합니다. 한창 자라는 시기에 성장을 방해
  할 수 있으니 잠자기 2시간 전에는 스마트폰을 끄
  도록 합니다.

❀ 허락받고 다운받기: 애플리케이션이나 게임을 다
  운받을 때는 부모의 허락을 받도록 합니다.

❀ 사용 금지 시간 정하기: 스마트폰을 사용하지 않
  는 시간을 정합니다. 이때는 아이뿐만 아니라 부
  모도 함께 참여합니다. 가족의 스마트폰을 담아놓
  는 바구니를 마련하면 좋습니다. 부모는 스마트폰
  으로 장도 보고, 이메일도 확인하고, 은행 업무도

처리합니다. 하지만 스마트폰을 쓰지 않기로 한 시간에는 귀찮더라도 컴퓨터를 켜서 처리하는 등 약속을 지키는 모습을 보여주어야 합니다.

- 먼저 할 일 정하기: 일의 우선순위를 정해 그 일을 끝마치지 않으면 스마트폰을 사용하지 않도록 합니다.
- 정해진 시간에 내려놓기: 스마트폰을 하다보면 끝도 없이 들여다보게 됩니다. 하루에 스마트폰을 사용할 수 있는 시간을 정해놓고 그 시간이 지나면 내려놓도록 합니다. 스마트폰 사용 유형에 따라 동영상은 하루 30분, 혹은 하루 3편이라는 식으로 정해도 좋습니다.
- 가족과 함께 운동하기: 스마트폰을 보는 대신 규칙적으로 밖에 나가 산책하거나 신체 활동하는 시간을 정합니다.
- 걸으면서 스마트폰 보지 않기: 스마트폰에서 눈을 떼지 못한 채 걷는 사람을 '스마트폰'과 '좀비'를 합쳐 '스몸비'라고 하지요. 걸으면서 스마트폰을 사용하면 다른 사람에게도 피해를 줄 수 있습니다.

꼭 스마트폰을 써야 할 때는 길 한쪽에 비켜서서 사용하도록 합니다.

중요한 것은 절제력

이런 약속을 하는 것은 아이에게 절제력을 가르치기 위해서입니다. 주말에 가끔 몇 시간씩 게임을 하며 스트레스를 풀게 내버려둘 수는 있지만 매일매일 그렇게 시간을 보낼 수는 없지요. 하지만 아이가 스스로 절제하는 것은 쉽지 않습니다. 뜻대로 조절되지 않을 경우에는 스마트폰 관리 애플리케이션을 이용하는 것을 추천합니다. 그러면 자신이 무엇에 얼마나 시간을 썼는지 확인할 수 있습니다.

부모의 스마트폰에도 아이의 스마트폰 관리 애플리케이션을 설치하는 것을 추천합니다. 기본적으로 아이가 할 일을 다 했을 때 1시간을 허용하고 친구들이랑 놀 때나 주말에는 상황에 따라 시간을 늘려주는 것도 괜찮습니다. 아이는 한정된 시간만 스마트폰을 쓸 수 있다는 것을 알기에 아무 때나 생각 없이 스마트폰을 들여다보지 않을 수 있지요. 스마트폰 관리 애플리케이션은 아이가 무엇을 다운받

왔고 어느 애플리케이션을 얼마 동안 썼는지 일목요연하게 보여주기 때문에 아이의 기기 사용 습관도 알 수 있다는 장점이 있습니다.

만약 너무 오랫동안 스마트폰을 사용한다면 당장 끄라고 하기보다는 "지금까지 스마트폰을 했으니 5분 후에 내려놓자", "지금 보고 있는 동영상이 끝나면 끄자", "이번 판만 끝나면 그만하자"는 식으로 말합니다. 하고 있는 것을 당장 그만두게 하는 것보다 사용 중지를 예고하면 부모와의 갈등이 줄어듭니다.

의지가 약해질 때를 위한 팁

아이에게 책이 스마트폰보다 좋은 이유를 써보라고 합니다. 스마트폰을 더 좋아하는 아이도 나름대로 고심해서 책의 장점을 써낼 것입니다. 책은 그림이 커서 더 잘 보인다든지, 전기가 필요 없다든지, 중독 걱정을 안 해도 된다든지 등의 답이 나올 수 있지요. 중요한 것은 아이가 스스로 책의 장점을 생각해서 표현하게 하는 것입니다. 이렇게 자기 생각을 정리해보면 실천도 수월해지지요.

저는 아이에게 무언가를 해줄 때 문서화된 약속을 받곤 합니다. 내용과 날짜를 쓰고 사인을 남깁니다. 물론, 어른도 다짐을 지키기 쉽지 않은데 아이가 매번 약속을 이행하는 것은 불가능에 가깝지요. 하지만 약속 문서가 있다면 아이의 태도가 흐트러질 때 훈육하는 데 유용하고, 아이도 약속을 떠올리고 마음을 다잡기 쉽습니다.

특히 남자아이들은 게임의 유혹을 받기 쉽습니다. 아이가 좋아하고 따르는 이웃이나 사촌 형이 있다면 약속 문서를 작성할 때 와달라고 부탁해 도움을 받으면 좋습니다. 아이는 친한 형은 자신의 편이고 자신을 위해 조언해준다고 받아들이기 때문에 훨씬 쉽게 수긍하곤 합니다.

스마트폰 사용 윤리

스마트폰을 이용할 때도 지켜야 할 것이 있다는 것을 가르쳐야 합니다. 스마트폰으로 편하게 대화를 나눌 수 있지만, 말로 나눈 대화와는 달리 기록이 남는다는 것을 알아야 합니다. 흥분해서 내뱉은 말은 공기 중으로 사라지지만 SNS나 카카오톡은 그렇지 않지요.

폭력적인 성향으로 친구들을 힘들게 하던 아이가 있었습니다. 주변 아이들은 오랜 시간 감정이 쌓여 그 아이와 놀지 않고 따돌리기도 했습니다. 그 과정은 고스란히 단체 대화방에 남았습니다. 결국 어떻게 되었을까요? 폭력적인 성향의 아이는 피해자가 되었고, 다른 아이들은 증거가 남아 가해자가 되었습니다. 아무 말 없이 단체 대화방에 남아 있던 아이도 말리지 않았다는 이유로 가해자가 되기도 합니다.

대화창의 짧은 메시지로는 감정을 정확하게 나타내기 힘듭니다. 직접 말로 했다면 표정과 말투를 보고 쉽게 이해할 수 있었을 내용이 카카오톡이나 SNS에서는 오해를 불러오기도 합니다. 친구에게 속상한 일이 생겼다면 카카오톡보다는 직접 얼굴을 보고 말하도록 알려주어야 합니다.

채팅 애플리케이션도 마찬가지입니다. 아이들은 새로운 것에 유혹되는 경향이 있지요. 낯선 사람의 범죄에 이용되지 않도록 사회적으로 이슈가 되는 사건들을 이야기해주고 경계심을 갖도록 합니다.

친구를 포함해 다른 사람의 사진이나 동영상은 동의 없이 함부로 찍으면 안 되는 것은 물론이고, 다른 사람에게 전달해서는 안 된다는 것도 주의시켜야 합니다. 조용한 곳이나 공공장소에서는 스마트폰을 진동으로 해놓고, 영화관에서 스마트폰 화면의 밝은 빛이 다른 사람에게 방해가 된다는 것도 알려줍니다.

부작용만 있었다면 스마트폰이 현대사회를 지배할 수 없었겠지요. 절제해서 필요한 만큼 사용하면 스마트폰의 이점을 최대한 누리고 단점은 최소화할 수 있을 것입니다.

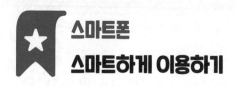

스마트폰 스마트하게 이용하기

독서와 학습에 도움이 되는 애플리케이션

지혜롭게만 사용하면 스마트폰은 참으로 유용합니다. 예를 들어 스마트폰으로 오디오북을 들을 수 있습니다. 직접 글을 읽지 못할 때, 예를 들면 외출할 때 차 안에서 들으면 좋지요. 공공 도서관과 연계되어 있는 애플리케이션을 설치하면 무료로 오디오북 대여가 가능합니다.

　이북E-book이라고도 하는 전자책도 편리합니다. 역시 공공 도서관에서 무료로 대여할 수 있지요. 요즘 아이들은 스마트폰 화면에 익숙해 어른들보다 전자책에 쉽게 적응함니다. 게다가 형광펜을 이용해 기억하고 싶거나 마음에 드는 곳에 표시할 수 있고 원하는 내용도 금방 검색할 수 있지요. 무거운 책을 들고 다니지 않아도 언제 어디서나 터치 몇 번이면 책을 화면에 띄울 수 있습니다.

다만 화면으로 글을 읽을 때는 종이 책을 읽을 때보다 대충 건너뛰어 읽을 우려가 있습니다. 눈으로만 훑어 읽지 않도록 소리 내어 낭독하거나 평소보다 천천히 읽도록 지도해주세요.

공부를 도와주는 애플리케이션도 많습니다. 수학 문제를 찍어서 올리면 풀이를 알려주기도 하고 구구단이나 영어 단어 암기도 애플리케이션의 도움을 받아 재미있게 할 수 있습니다. 맞춤법과 띄어쓰기를 어려워하는 아이라면 관련 애플리케이션을 이용하는 것도 방법입니다. 이런 애플리케이션을 다운받을 때는 부모와 함께 리뷰를 읽어보고 결정하는 것이 좋습니다. 중요한 것은 공부를 도와준다고 해도 애플리케이션에 너무 의지하지 않는 것입니다. 애플리케이션은 보조 도구로만 이용하도록 합니다.

게임은 함께 즐겨요

부모도 아이가 좋아하는 게임을 함께 즐기는 것이 좋습니다. 매번은 아니어도 가끔 같은 게임을 하면 공통의 관심사가 생기고 공감대가 형성되어 대화를 나누기에도 좋지요.

아이가 좋아하는 게임이 있다면 그 게임이 왜 좋은지, 왜 인기가 있는지 이야기 나눌 수 있습니다. 그러다보면 게임 산업에 대한 분석도 할 수 있겠지요. 굳이 스마트폰으로만 게임을 할 필요는 없습니다. 컴퓨터를 이용하면 큰 화면으로 볼 수 있고 게임기를 이용해도 되지요. 가만히 앉아서 손가락만 움직이는 것이 아니라 몸 전체를 사용하는 활동적인 게임을 할 수 있다면 더 좋습니다.

폭력적인 게임은 지양하도록 하되 창의성 향상에 도움이 되는 게임을 추천해보세요. 인기 있는 게임 중에는 대학 교재로 쓰인 게임도 있습니다. 다양한 게임을 하다보면 프로그램을 이용해 스스로 게임을 만들 수도 있습니다.

몸을 움직이게 해주세요

아이들이 스마트폰 세상에 빠져드는 이유는 행동의 제약이 없는 가상공간에서의 자유로움 때문이기도 합니다. 일상 생활에는 매일 정해진 일정이 있습니다. 시간에 맞추어 일 어나 등교하고, 정해진 시간표에 맞추어 학교 수업을 듣고, 학원에 가고, 집에 돌아와도 숙제를 해야 하지요. 그러다보 면 아이는 억압을 느끼고, 스트레스를 받을수록 마음대로 욕구를 풀 수 있는 곳으로 피신하고 싶어집니다. 공부만 강 요하기보다는 아이가 밖에서 뛰어놀고 스트레스를 발산할 수 있는 기회를 주어야 합니다.

그런 의미에서 가족이 자주 바깥나들이를 하고 신체 활동을 많이 하는 것이 중요합니다. 운동을 해서 뇌에 산소 를 공급해주면 뇌는 최적의 상태가 되어 학습을 잘 하게 됩 니다. 스마트폰을 이용하는 것만큼 신체 활동을 함으로써 균형을 맞추어주어야 합니다.

운동 관련 애플리케이션을 설치하면 활동에 재미가 더 해집니다. 걷거나 뛰면 걸음 수를 측정할 수 있고 속도는 어 떠한지, 이동한 거리가 얼마큼인지도 기록으로 남지요. 지도상에 내가 움직인 곳도 표시됩니다. 다른 가족이나 친구의 활동량도 확인할 수 있어 선의의 경쟁을 할 수 있습니다.

셀카 중독에서 벗어나기

요즘엔 '셀카'에 빠진 아이들을 쉽게 볼 수 있습니다. 과도한 자기 몰입은 공감 능력을 떨어뜨립니다. 산책할 때 셀카 대신 풀꽃이나 풍경을 찍어보도록 합니다. 관심을 기울이기 전에는 눈에 띄지 않았던 작은 꽃에 관심을 기울이는 것은 아이의 감성을 높여줍니다. 꽃을 찍으면 이름을 알려주는 애플리케이션도 활용해볼 수 있지요.

보통은 부모가 아이들의 사진을 찍지요. 산책하는 동안 역할을 바꾸어 아이에게 스냅사진을 찍어달라고 요청해보세요. 어떻게 찍어야 잘 나올지 고심하는 과정은 남을 중심으로 생각할 기회를 만들어줍니다. 카메라 렌즈를 통해 보면 가족의 모습이 평소와 다르게 다가오기도 하지요.

스마트폰 시대를 살아갈 아이들의 손에서 스마트폰을 떼어놓기보다는 스마트폰을 적절하고 유익하게 사용할 수 있는 방법을 알려주어야 합니다. 하지만 동시에, 아무리 세상이 변한다고 하더라도 독서로써 시야를 확장하고, 깊이 사고해야 하는 것은 변하지 않습니다. 이는 인간이 놓칠 수 없는 가치입니다. 스마트폰과의 사이에서 어떻게 해야 '스마트함'을 유지할 수 있을지 즉, 인간으로서 현명함을 유지할 방법은 무엇인지 항상 고민해야 합니다.

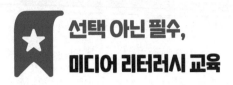

선택 아닌 필수, 미디어 리터러시 교육

이야기는 인간의 본능

인간은 자신이 알고 있는 것을 남에게 알려주고 싶어 하는 욕망이 있습니다. 말하면 안 될 때도 "이건 비밀이야, 너만 알고 있어!"라며 속삭이곤 하지요. 요즘에는 터치 몇 번이면 정보가 쉽게 전달되어 자극적이거나 잘못된 이야기도 일파만파 걷잡을 수 없이 퍼져 나갑니다.

우리가 알고 있는 소식, 이야기, 정보, 콘텐츠, 데이터 등을 누군가에게 전달할 때 거치는 모든 수단을 미디어라고 합니다. 어떤 이야기를 내가 직접 누군가에게 말로 전달한다면 내가 미디어가 되는 것이고, 편지로 전달한다면 편지가 미디어가 되는 것이지요. 미디어는 점점 발달해서 신문, 잡지, 책, 라디오 등을 거쳐 지금은 인터넷, 스마트폰, SNS 등이 추가되었습니다.

정보의 비판적 수용이 필요한 정보 쓰나미 시대

그러다보니 현대사회를 정보 과잉 시대, 정보 홍수 시대라고 부를 정도입니다. 정보가 쏟아지다 못해 홍수처럼 밀려들어 넘치고 있으니까요. 2010년 당시 구글의 CEO인 에릭 슈밋Eric Schmidt은 인류 문명이 시작된 이래 2003년까지 만들어진 것과 같은 양의 데이터가 이틀마다 만들어지고 있다고 했습니다. 게다가 그 속도는 점점 빨라지고 있다고 했지요. 10년이나 지난 지금, 인류가 만들어낸 데이터의 양은 도대체 얼마나 될까요? 상상하기도 어렵습니다. 정보 홍수 시대가 아닌 정보 쓰나미 시대라고 해도 부족할 정도입니다.

잘못된 정보가 각종 공식, 비공식 미디어를 타고 삽시간에 전염병처럼 퍼져 나가 사회 문제를 일으키는 현상을 인포데믹Infodemic이라고 합니다. 인포데믹은 2003년 『워싱턴포스트』 기고문에서 처음 사용되었습니다. 정보Information와 전염병Epidemic을 합친 말로 본래는 금융 용어였지요. 당시 사스SARS 공포로 아시아 경제가 추락한 일, 9·11 이후 미국 전역에 테러 공포가 기승을 부린 일이 인포데믹의 위력 탓이라고 했는데 코로나19가 전 세계를 강타하며 다시 주목을 받는 용어가 되었습니다.

이런 상황에서, 우리가 보고 듣고 접하는 모든 것을 무조건 수용할 것이 아니라 선별해서 비판적으로 받아들이는 태도가 필요합니다. 리터러시Literacy라는 용어는 원래 문해력, 즉 글을 읽고 쓸 줄 아는 능력을 말하는 것이었습니다. 하지만 문자보다 미디어가 큰 영향을 미치게 되자, 미디어를 통해 전해지는 정보를 해석하고 분별해내는 능력을 뜻하는 의미로 '미디어 리터러시'가 널리 사용되고 있습니다. 미디어를 통한 정보가 넘쳐나는 시대인 만큼 우리는 보고 듣고 접하는 것들을 제대로 해독하고 더 나아가 자기 의도에 맞는 콘텐츠를 생산할 수 있어야 합니다.

가정에서 시작하는 미디어 리터러시 교육

학교에서도 학년별로 미디어 리터러시 교육을 하고 있습니다. 하지만 집에서 부모가 도와준다면 다양한 미디어를 이용해 눈높이에 맞는 흥미로운 활동을 할 수 있습니다. 활동한 내용을 간단히 일기장에 정리하면 그날그날의 일기 부담도 덜고 기록으로 남아 일석이조입니다.

처음에는 이미지를 이용해봅니다. 신문이나 잡지에서 이미지들을 무작위로 오린 뒤 분류해봅니다. 그림과 사진으로 분류할 수도 있고, 만화·광고·보도사진·그래프 등으로 나눌 수 있습니다. 광고 이미지에서 보여주고자 하는 것이 무엇인지, 보도사진에서 전달하고자 하는 것이 무엇인지 이야기 나누어봅니다. 더 나아간다면 기사 내용이 사진에 얼마나 잘 표현되었는지도 이야기해볼 수 있습니다.

광고도 재미있는 소재입니다. 광고의 구성 요소는 크게 헤드라인, 보디 카피, 이미지가 있습니다. "여보, 아버님 댁에 보일러 놓아드려야겠어요"라든지 "침대는 가구가 아닙니다. 침대는 과학입니다." 혹은 "Just do it" 같은 문구가 헤드라인입니다. 헤드라인이 관심을 끌어야 사람들은 그

밑의 더 작은 글씨를 읽을 마음이 생기지요.

헤드라인 아래에 있는, 작은 글씨로 상품을 설명하는 부분이 보디 카피입니다. 아이와 헤드라인, 보디 카피, 이미지를 나누어봅니다. 광고가 전하는 메시지를 읽고 광고의 대상과 목적 등을 이야기합니다.

영상 광고와 인쇄 광고의 차이도 생각해볼 수 있지요. 뉴스라고 했지만 광고의 기능을 하는 것도 찾아봅니다. 아이와 광고를 만들어볼 수도 있습니다. 직접 쓰고 그림을 그려도 되지만 물건이나 서비스를 언급하면서 간단히 헤드라인을 말해보아도 좋습니다. 아이의 반짝이는 아이디어를 들을 수 있지요.

유튜브 시대, 영상 교육은 필수

요즘은 영상이 대세인 만큼 영상에 대해서 아는 것이 특히 필요합니다. 다큐멘터리와 영화를 보고 차이점을 말해봅니다. 같은 주제를 다룬 것을 선택해서 보면 확연하게 구분이 되겠지요. 신문에 실린 기사와 텔레비전 뉴스도 비교해봅니다. 역시 같은 사건을 보도한 것을 비교하면 차이점을 더 잘 알 수 있겠지요.

아이들은 유튜브에 쉽게 빠져듭니다. 한번 보기 시작하면 중간에 멈추기 어려울 정도지요. 자기가 좋아하는 유튜버가 올린 영상은 다 챙겨 보려고 합니다. 아이들에게 유튜버가 돈을 버는 구조를 말해줍니다. 수익은 광고를 통해 창출되고, 그 수익이 조회 수에 비례한다는 것을 알려주어야 합니다. 조회 수를 올리기 위해 자극적인 영상을 올리거나 논란이 되는 행동을 하기도 한다는 것을 이해하면 아이들도 유튜버가 하는 행동의 의미를 알 수 있습니다.

방송 편성표도 이용해볼 수 있습니다. 아이들이 볼만한 것은 어떤 것인지, 어른이 볼 수 있는 것은 어떤 것인지, 어른만 보아야 하는 것은 어떤 것인지 아이와 함께 골라 봅니다. 유튜브와 정규 방송의 차이점도 생각해봅니다.

댓글과 필터에 대한 이야기 나누기

아이들과 건전한 댓글 문화에 대해서도 이야기를 나누어야 합니다. 한순간의 잘못된 선택이 평생을 따라다닐 수 있지요. 댓글을 쓸 때는 상대방이 내 앞에 있다고 가정하게 합

니다. 직접 얼굴을 보고 할 수 있는 말인지 스스로 생각해
보아야 하지요. 얼굴이 보이지 않는 상대일수록 예의를 다
해야 한다는 것을 알려주어야 합니다.

필터 버블에 대해서도 이야기를 나눕니다. 필터 버블
이란 자신이 선호하는 것을 알고리즘이 자동적으로 선별해
추천하는 것을 말합니다. 자기 취향에 맞는 것만 보니 쉽게
영상을 끌 수 없게 되고 편향된 정보에 노출되기도 쉽습니
다. 실리콘 밸리의 기술 전문가도 사용자를 붙잡아두려고
일종의 중독이 되게 만든다고 고백했습니다. 동영상이나
인터넷 추천 알고리즘에 중독되는 것은 과거 담배 회사가
담배에 중독성 니코틴을 사용했던 것과 같다고 합니다.

미디어의 소비자이자 생산자

미디어의 소비자와 생산자로서, 아이에게 매체의 장점과
단점을 고루 알려주는 것이 중요합니다. 보이는 것을 맹목
적으로 따를 것이 아니라 누가 무슨 목적으로 만들어냈는
지 생각할 줄 알아야 합니다. 그래야 남이 만든 세상에 휘
둘리지 않게 되지요.

구글·애플·페이스북에서 일하는 극소수 설계자는 대부분 미국 샌프란시스코에 사는 20~30대 백인 남성입니다. 그들의 결정이 전 세계 수십억 명의 사람에게 엄청난 영향을 미친다는 것에 대해서도 경각심을 가져야 합니다.

동시에 미디어가 세상을 간접경험하게 하고 다양한 사람과 소통하게 하는 소중한 도구라는 가치를 깨닫게 해야 하지요. 부모는 아이가 그런 가치를 고양할 수 있는 소비자이자 생산자가 되게 이끌어야 합니다.

미디어의 생산자로서 아이는 신문을 만들 수도 있고 SNS 활동을 할 수도 있습니다. 아이가 관심을 보이는 주제, 좋아하는 주제로 영상도 찍어보도록 합니다. 재미있으면서도 다른 사람에게 도움이 되는 것, 그리고 남에게 상처를 주지 않는 내용으로 찍도록 지도합니다.

직접 해보면 보기만 하는 것과는 많이 다르다는 것을 느낄 수 있을 것입니다. 영상을 통해 본 자신의 모습에서 평소에 몰랐던 점을 깨닫기도 하지요. 그리고 내가 보여주려는 것이 상대방에게 효과적으로 전달되려면 어떻게 해야 하는지 고민하는 기회도 됩니다.

얼마 전 조카들이 텔레비전에 나왔습니다. 아이들과

함께 보는데 웃음을 멈추지 못했습니다. "방바닥이랑 소파에 아무 것도 없어! 어제 이사 온 집 같아! 책상도 정말 깨끗해!", "저건 사실이 아니잖아", "왜 저렇게 말했지?"

미디어에 대해 이야기할 좋은 기회였습니다. 저는 아이들에게 만약 우리 집이 방송에 나온다면 정돈되지 않은 모습을 보여줄 것인지 물어보았습니다. 그리고 사람들의 관심을 끌려면 어떻게 시작해야 할지, 카메라에 자연스럽게 잡히려면 사람들은 어떻게 있어야 할지 이야기해보았습니다. 그렇게 해서 미디어를 통해 보는 것은 100퍼센트 진실이 아니라 사람들에게 보이기 좋게 각색한 것이라는 사실을 깨달을 수 있었지요.

우리는 스마트폰을 포함해 미디어를 떠나서는 생활이 불가능한 세상에서 살고 있습니다. 그렇기에 우리를 둘러싸고 있는 미디어에 대해 제대로 알고 현명한 소비자이자 생산자가 되어야 합니다.

고영성·김선, 『우리아이 낭독혁명』(스마트북스, 2017).

김성현, 『책 읽는 아이, 토론하는 우리집』(미래지식, 2013).

김소영, 『말하기 독서법』(다산에듀, 2019).

데이비드 이글먼·앤서니 브란트, 엄성수 옮김, 『창조하는 뇌』(쌤앤파커스, 2019).

매리언 울프, 이희수 옮김, 『책 읽는 뇌』(살림, 2009).

매리언 울프, 전병근 옮김, 『다시, 책으로』(어크로스, 2019).

서경란·이명란, 『우리 아이 공부가 안 되는 진짜 이유 난독증』(라온북, 2014).

송승훈, 『나의 책읽기 수업』(나무연필, 2019).

스티븐 로젠바움, 이시온 옮김, 『큐레이션』(이코노믹북스, 2019).

스티븐 크라센, 조경숙 옮김, 『크라센의 읽기 혁명』(르네상스, 2013).

알베르토 망겔, 정명진 옮김, 『독서의 역사』(세종서적, 2020).

SBS 스페셜 〈난독시대〉, 2019년 7월 21일.

오선균, 『기적의 초등 독서법』(황금부엉이, 2019).

이상주, 『조선 명문가 독서교육법』(다음생각, 2011).

조미상, 『인공지능 시대 최고의 교육은 독서다』(더메이커, 2018).

짐 트렐리즈, 눈사람 옮김, 『하루 15분 책 읽어주기의 힘』(북라인, 2018).

최상희, 『디지털 시대 NIE 이해와 활용』(커뮤니케이션북스, 2015).

최승필, 『공부머리 독서법』(책구루, 2018).

최재붕, 『포노 사피엔스』(쌤앤파커스, 2019).

최창욱·유민종·이승화, 『인생을 결정하는 유·초등 교육』(러닝앤코, 2019).

인생을 결정하는
초등 독서의 힘
ⓒ 김지원, 2020

초판 1쇄 2020년 6월 17일 찍음
초판 1쇄 2020년 6월 25일 펴냄

지은이 | 김지원
펴낸이 | 이태준
기획·편집 | 박상문, 박효주, 김환표
디자인 | 최진영, 홍성권
관리 | 최수향
인쇄·제본 | 제일프린테크

펴낸곳 | 북카라반
출판등록 | 제17-332호 2002년 10월 18일
주소 | (04037) 서울시 마포구 양화로 7길 4(서교동) 삼양E&R빌딩 2층
전화 | 02-325-6364
팩스 | 02-474-1413
www.inmul.co.kr | cntbooks@gmail.com

ISBN 979-11-6005-086-8 03370
값 16,000원

북카라반은 도서출판 문화유람의 브랜드입니다.
저작물의 내용을 쓰고자 할 때는 저작자와 북카라반의 허락을 받아야 합니다.
파손된 책은 바꾸어 드립니다.

이 도서의 국립중앙도서관 출판시도서목록(CIP)은 서지정보유통지원시스템 홈페이지
(http://seoji.nl.go.kr)와 국가자료공동목록시스템(http://www.nl.go.kr/kolisnet)에서
이용하실 수 있습니다. (CIP제어번호: CIP2020023996)